# 中国新质生产力人才指数报告

## 2024

China New Quality Productive Forces
Talent Index Report

**主编**

中国人民大学社会科学高等研究院
（深圳）人才战略与治理研究中心
中国人民大学劳动人事学院
同道猎聘集团

深圳出版社

**图书在版编目（CIP）数据**

中国新质生产力人才指数报告 / 中国人民大学社会
科学高等研究院（深圳）人才战略与治理研究中心，中国
人民大学劳动人事学院，同道猎聘集团主编 . -- 深圳：
深圳出版社，2025.3. -- ISBN 978-7-5507-4179-9

Ⅰ.F120.2；C964.2

中国国家版本馆 CIP 数据核字第 2024U9T654 号

# 中国新质生产力人才指数报告

ZHONGGUO XINZHI SHENGCHAN LI RENCAI ZHISHU BAOGAO

责任编辑　易晴云
责任校对　万妮霞
责任技编　郑　欢
装帧设计　字在轩

---

出版发行　深圳出版社
地　　址　深圳市彩田南路海天综合大厦（518033）
网　　址　www.htph.com.cn
订购电话　0755-83460239（邮购、团购）
设计制作　深圳市字在轩文化科技有限公司
印　　刷　深圳市华信图文印务有限公司
开　　本　787mm×1092mm　1/16
印　　张　16.75
字　　数　220 千字
版　　次　2025 年 3 月第 1 版
印　　次　2025 年 3 月第 1 次
定　　价　98.00 元

---

# 项目团队

## 战略委员会

**联合主席：**

赵　忠　中国人民大学劳动人事学院教授、院长

陈　姚　中国人民大学劳动人事学院党委书记

戴科彬　同道猎聘集团董事会主席兼首席执行官

**委员：**

曾湘泉　中国人民大学劳动人事学院教授、前院长、
　　　　中国就业研究所所长

孙健敏　中国人民大学劳动人事学院教授、前副院长

周文霞　中国人民大学劳动人事学院教授、前副院长

彭剑锋　中国人民大学劳动人事学院教授、前副院长

## 研究团队

**首席专家：**

刘松博　中国人民大学劳动人事学院教授、中国人民大学社会科学
　　　　高等研究院（深圳）人才战略与治理研究中心主任

**指数组负责人：**

邹先强　中国人民大学劳动人事学院副教授

**城市案例组负责人：**

毛凯贤  中国人民大学劳动人事学院讲师

**企业案例组负责人：**

赵  锴  中国人民大学劳动人事学院副教授

## 核心研究团队（按姓氏拼音排列）

陈强远  中国人民大学国家发展与战略研究院副教授

陈  雯  中国人民大学劳动人事学院讲师

冯  雯  中国人民大学劳动人事学院讲师

雷子腾  中国人民大学劳动人事学院讲师

李育辉  中国人民大学劳动人事学院教授

林  琳  中国人民大学劳动人事学院讲师

罗楚亮  中国人民大学劳动人事学院教授

骆南峰  中国人民大学劳动人事学院副教授

权贵杰  同道猎聘集团大数据研究院副院长

苏中兴  中国人民大学劳动人事学院教授

王亚婷  中国人民大学劳动人事学院讲师

赵丽秋  中国人民大学劳动人事学院教授

郑颖美  同道猎聘集团大数据研究院院长、政府事务及业务负责人

## 学生团队（按姓氏拼音排列）

艾　昕　蔡丽琪　陈丹云　陈绮玥　刁天祎　葛晋熙　耿　磊　谷欣疃

郭晓静　洪建宇　简　易　李冠欣　李锦琰　李菁怡　李尚禧　刘婧涵

陆珈扬　陆芮莹　彭宝婷　邱　力　尚乔馨洁　沈子维　石增祥　孙静依

孙柳嘉　孙肖飞　谭昊吉　田　艺　王　瑾　王润汐　王思萌　王轩晟

王　奕　王　越　吴　可　吴长雁　谢欣池　谢　栩　许子健　闫欣洋

阳镇徽　杨启晗　杨　倩　杨　洋　余诗静　袁誉宁　岳宇仰　张　翀

张迪菲　张文宇　赵慧欣　周星好

# 前言

　　党的十八大以来，面对中华民族伟大复兴战略全局和世界百年未有之大变局，习近平总书记对什么是高质量发展、为什么要高质量发展、怎样实现高质量发展作出一系列理论概括和战略部署，并强调，"发展新质生产力是推动高质量发展的内在要求和重要着力点"，"新质生产力已经在实践中形成并展示出对高质量发展的强劲推动力、支撑力"。

　　新质生产力意味着生产力质的跃迁。习近平总书记指出："新质生产力是创新起主导作用，摆脱传统经济增长方式、生产力发展路径，具有高科技、高效能、高质量特征，符合新发展理念的先进生产力质态。它由技术革命性突破、生产要素创新性配置、产业深度转型升级而催生，以劳动者、劳动资料、劳动对象及其优化组合的跃升为基本内涵，以全要素生产率大幅提升为核心标志，特点是创新，关键在质优，本质是先进生产力。"

　　人才是第一资源，必须深化人才工作机制创新，为发展新质生产力提供人才支撑。只有畅通教育、科技、人才的良性循环，充分激发劳动、知识、技术、管理、资本和数据等生产要素活力，更好体现知识、技术、人才的市场价值，才能真正让人才在发展新质生产力中成为决定性因素。

　　以中国式现代化全面推进强国建设、民族复兴伟业，是我们当前重要的历史任务。推进中国式现代化离不开科技、教育、人才的基础性、战略性支撑。我们党向来广开进贤之路、广纳天下英才，中国共产党的百年奋斗史，就是一部集聚人才、团结人才、造就人才、壮大人才的历史。党的十八大以来，以习近平同志为核心的党中央作出人才是实现民族振兴、赢得国际竞争主动的战略资源的重大判断，推动新时代人才工作取得历史性成就、发生历史性变革。聚天下英才而用之，需要更好坚持党对人才工作的全面领导，需要深化人才发展体制机制改革，需要加快建设世界重要人才中心和创新高地。

城市在吸引、留住和用好新质生产力人才方面扮演着至关重要的角色。城市的发展是否能吸引人才、留住人才、用好人才，直接关系到城市在产业变革中的竞争力和发展潜力。因此，城市需要加速人力资本积累，精准激发人才红利，为新质生产力人才提供更广阔的舞台和更好的发展机遇。当前，不同城市在新质生产力人才的储备上有何差异？在不同领域的新质生产力人才有何区别？我国在更好推动新质生产力人才建设上有何独到做法？以战略性新兴产业和未来产业为主要载体的新质生产力人才储备有何特色？

为了解答这一系列问题，中国人民大学社会科学高等研究院人才战略与治理研究中心、中国人民大学劳动人事学院、同道猎聘集团联合编写了2024年《中国新质生产力人才指数报告》，植根中国情境，全面、多层次、动态化地反映了我国新质生产力人才数量和质量的真实情况，力求为健全人才政策体系提供决策参考，为城市发挥新质生产力人才效能提供新思路，为广大新质生产力人才的职业发展、成长进步提供帮助。

习近平总书记多次指出，"办好中国的事情，关键在党，关键在人，关键在人才"。党的二十大报告也强调，要"真心爱才、悉心育才、倾心引才、精心用才，求贤若渴，不拘一格，把各方面优秀人才集聚到党和人民事业中来"。我们相信，对新质生产力人才的研究，能够助力建设世界重要人才中心和创新高地，有利于制定政策、布局产业、优化资源，有利于高质量发展，从而推动中国经济社会发展迈向更加美好的明天。

# 目　录

## 第 1 章　中国新质生产力人才指数指标体系

# 第2章　中国新质生产力人才指数综合分析

# 第3章　中国新质生产力人才指数分维度分析

# 第4章　优秀城市案例分析

# 第5章　重点行业新质生产力人才指数分析

# 第6章　人才驱动新质生产力的案例分析

# 第7章 结论与政策建议

# 摘要

新质生产力是国家经济增长和社会进步的关键因素，而新质生产力人才则是发展新质生产力的必然要求和重要因素，习近平总书记多次指出新质生产力人才的重要性。在此背景下，本报告利用理论与数据相结合构建出新质生产力人才指数体系，并对中国的新质生产力人才指数进行了一系列分析。

本报告主要基于《中国统计年鉴》等宏观数据与来自猎聘大数据研究院的招聘网站数据等微观数据，从人才资源、人才效能、人才环境和人才载体4个一级维度，人才规模、人才结构、创新效能、经济效能、人才吸引、人才发展、创新载体、绿色载体8个方面的二级维度来构建新质生产力人才指数体系，并采用熵值法确定各个维度的权重。其中，人才资源和人才载体是具备较高权重的一级维度，人才规模、经济效能、创新载体、绿色载体是具备较高权重的二级维度。

接下来，本报告利用构建完成的新质生产力人才指数体系进行了一系列分析。首先，本报告对全国70个大中城市进行了综合分析。分析结果表明，新质生产力人才指数排名前十的城市分别为北京、上海、深圳、广州、杭州、武汉、南京、成都、重庆、长沙这些具有强大的经济实力、人才聚集和创新能力的城市，而经济基础相对薄弱、地理位置相对偏远的区域的城市排名较为靠后。分地区的分析表明，东部地区新质生产力人才指数水平尤为突出，远超其他地区；中部地区、西部地区依次位列第二、第三；东北地区则相对落后。总体而言，我国新质生产力人才建设的总体水平较低，城市间新质生产力人才发展水平较为悬殊，地区间新质生产力人才发展不均衡，各新质生产力人才评价维度之间发展同样不均衡。因此，促进新质生产力人才发展水平的提升和人才资源的优化配置仍然任重而道远。

尽管如此，许多城市都在人才建设方面展现出突出的亮点。北京人才总量多且密集程度高，专业技术人员占比大，具有高效全面的人才体系与合理的人才结构。上海着力吸引外部优质人才，不断优化人才资源，并大力推进人才管理改革，提升人才效能。广州依托国际人才资源，储备了充足的外籍人才和我国港澳台地区人才，职业技能人才链条全贯通。深圳目前人才总量大、结构优、政策新、服务全，注重人才规模的扩大以及创新人才的培养和引进。苏州则融合国际视野与区域优势，全力打造一流"苏州硅谷"，坚持高端引领，集聚海内外人才。这些优秀城市在人才建设方面的亮点为其他城市的新质生产力建设和人才发展提供了借鉴和参考。

此外，依托新质生产力人才指数体系，本报告对新能源汽车、大数据、人工智能、新材料、生物医药、电子/通信/半导体六大重点行业分别进行了分析。这些重点行业的从业者以20—40岁的中青年人才、本科和研究生学历人才为主，中小型企业和民营企业在这些重点行业中扮演了重要的角色。在新质生产力人才指数得分较高的城市，如北京、上海和深圳，在这些重点行业的人才指数得分同样较高。其中北京在大数据行业和人工智能行业中更具优势，上海在新能源汽车行业、新材料行业和生物医药行业中领先，而深圳在电子/通信/半导体行业表现更佳。

最后，本报告对优秀企业或地区的人才驱动案例进行了进一步的剖析。专精特新"小巨人"企业业务契合国家战略，人才方面受到国家政策的大力支持，形成了独特的生态系统，具体表现为"高校人才支撑、金融资金赋能、龙头合作牵引、政府政策规范"的四力系统。比亚迪则坚持人才长期主义，践行高质量人才开发，搭建多层次学习型组织，打造内部"人才鱼池"，"外引内轮"，实现高质量人岗匹配。而对于发展绿色生产力亟需的"绿色人才"，各地区因地制宜，依据产业发展状况，从"引、育、留、用"制定绿色人才政策。例如西部地区凸显出合作、引育留用并举的特点；中部地区注重提高人才质量与增加人才数量的同时，突出专业人才的留用；东部地区则呈现出精准引进、国际接轨的特点。

随着新一轮科技革命和产业变革迅速发展，加快构建高端科技人才培养新格局刻不容缓。为此，本报告从以下几个方面提出了政策建议。第一，加强完善我国自主培养人才的体系，深化教育体制改革，重点建设一批高端科技人才培养基地，切实推进高水平科技人才的前瞻性布局。第二，构建连接技术与应用的人才培养体系，构建开源技术体系，促进跨界创新，并加强校企合作。第三，健全人才交流互通的平台载体，加强国家科技创新平台建设与应用，树立"全国一盘棋"思想。加强地区之间的人才交流，以核心城市带动周边城市和区域的人才发展，促进人才资源的合理流动。第四，完善并落实人才的综合评价体系，增加对人才效能和人才载体的关注度，出台具体的操作指南。第五，推进区域人才均衡发展，增加新一线和二线城市对企业和人才的吸引力。第六，建立健全人才的就业指导机制，做到"人尽其才，才尽其用"。第七，深化人才保障机制和激励机制，构建人才服务型行政体系，建立人才服务中心，为高端科技人才提供较优越的福利，鼓励以质量和创新为导向落实人才评价激励。第八，促进数字人才的国际交流和区域流动，促进国际化人才交流与合作，建立专门的国际人才交流机构和线上合作平台，支持开展高层次新质生产力人才出国（境）培训交流。第九，创新引进海外高端人才的制度。第十，在行业与市场层面上，优化风险投资与创业生态，构建全方位的创业支持体系。

引言

# 一、新质生产力与新质生产力人才

生产力是推动社会发展变迁的最活跃因素。在全球化和科技快速发展的时代背景下，创新高效的生产力已经成为推动国家经济增长和社会进步的关键因素。党的二十大报告指出，要优化重大生产力布局，强化国家战略科技力量，开辟发展新领域新赛道，不断塑造发展新动能新优势。习近平总书记在 2023 年 9 月首次提出"新质生产力"这一概念，并在新时代推动东北全面振兴座谈会上再次强调"要积极培育新能源、新材料、先进制造、电子信息等战略性新兴产业，积极培育未来产业，加快形成新质生产力，增强发展新动能"。张东刚（2024）的研究指出，新质生产力丰富了马克思主义生产力理论，改造了生产函数理论，回答了高质量发展面临的问题。新质生产力的形成机理符合创新的一般规律，具有创新性、包容性、先进性、绿色性和开放性的属性。要形成与新质生产力相适应的新型生产关系，高质量推动国家治理体系与治理能力现代化。

同时，党的二十届三中全会强调，要"聚焦建设美丽中国，加快经济社会发展全面绿色转型"。为此，习近平总书记指出，"绿色发展是高质量发展的底色，新质生产力本身就是绿色生产力"，提出并进一步强调了绿色人才的重要意义。绿色人才是推动生态文明建设深入发展的重要力量，是发展新质生产力的必然要求。

新质生产力人才的定义可以从多个角度进行阐述，具体可以解释为：新质生产力人才是指那些能够推动科技创新、绿色发展、产业升级和生产力跃升，具备高科技、高效能、高质量特征所需的知识、技能、创新思维和综合素质的人才。

形成新质生产力需要提升自主创新能力，加强科技创新，特别是原创性、颠覆性的科技创新，加快实现高水平科技自立自强，打好关键核心技术攻坚战，使原创性、颠覆性创新成果竞相涌现。因此，人才是发展新质生产力的关键。打造新质生产力人才队伍，是引领新质生产力发展的重要力量。

新质生产力人才是新质生产力形成的重要因素，创新型、技术型人才队伍的培育与壮大是发展新质生产力的必然要求。习近平总书记指出，"畅通教育、科技、人才的良性循环，完善人才培养、引进、使用、合理流动的工作机制。要根据科技发展新趋势，优化高等学校学科设置、人才培养模式，为发展新质生产力、推动高质量发展培养急需人才。"

社会各主体应在政策指导下，联合促进创新型、技术型人才队伍的建设，以创新人才培养赋能新质生产力的发展。各级政府是新质生产力人才培养的引导者，规划人才发展的目标与方向，推行人才优先发展战略、人才引领发展战略，为人才的培育、流动、创新、创业、知识产权保护等提供政策支持；城市是新质生产力人才培养的实践者，吸引人才、发展人才、保留人才等方面的能力不仅直接影响城市自身的发展潜力，也是培养新质生产力人才的关键；高校是人才培养的第一阵地，也是科技、人才与创新的重要结合点，承担着培育创新型人才，提升人才素养以及推动科技创新和成果转化的重要使命。

然而，缺乏科学、系统的评价体系，往往难以充分反映出新质生产力人才的特点和需求，导致人才培养与需求之间的脱节，影响了人才的有效流动和利用。因此，构建新质生产力人才指数体系具有重要的理论和实践意义。这一体系将有助于更准确地评估人才的创新能力、综合素养以及适应性，为人才选拔、培养和流动提供科学依据，促进人才资源的优化配置，推动经济持续健康发展。

# 二、人才指数

党的二十大报告指出，"必须坚持科技是第一生产力、人才是第一资源、创新是第一动力，深入实施科教兴国战略、人才强国战略、创新驱动发展战略，开辟发展新领域新赛道，不断塑造发展新动能新优势"。创新驱动本质上是人才驱动，人才是创新的第一资源，是我国在国际竞争中的重要力量和显著优势。随着全球经济的不断发展和科技创新的蓬勃发展，新质生产力人才的需求日益凸显，在竞争日益激烈的背景下，各国纷纷加大对新质生产力人才的引进和培养力度。国内外许多国家和机构将客观统计数据与主观调查数据相结合，通过构建人才指数，对特定国家或地区的人才发展水平进行评估和完善，并在实践中不断优化调整，为构建新质生产力人才指数提供了重要借鉴。

## 1. 国外研究现状

近年来，一些国外研究机构、企业与高校从人才竞争力，人才吸引力以及人才发展环境等维度出发建立了人才指数评价体系。

经济合作与发展组织（OECD）人才吸引力指标（Indicators of Talent Attractiveness, ITA）是第一个全面反映经合组织国家在吸引和留住人才方面优劣势的工具，从就业机会质量、收入与税款、未来期望、家庭环境、技能环境、包容性和生活质量 7 个维度出发，针对拥有硕士或博士学位的从业者、企业家和大学生三类人才进行了个性化的评价体系设计。人力资本指数（Human Capital Index, HCI）通过人力资本能力、人力资本配置、人力资本开发以及人才技能 4 个维度测度人力资本水平。世界人才排名（World Talent Ranking, WTR）将客观统计数据与涉及国际商务的企业管理层人员的主观调查数据相结合，从投资和开发因素、吸引力因素与可得性因素 3 个方面分别衡量了对本土人才的培养和投入、吸引和留住海外高技能人才的能力以及人才库的可持续性。欧洲工商管理学院（INSEAD）、德科集团和新加坡人力资本领导力研究所（现已由谷歌替代）联合发布的全球人才竞争力指数（Global Talent Competitiveness Index, GTCI）利用国内环境、人才吸引、人才培养、人才保留、技术与职业技能及全球知识技能 6 个关键指标来测度各国的人才竞争力。《2024 年全球能源人才指数报告》（ *The 2024 Global Energy Talent Index* ）从能源这一具体行业出发，构建了核心指标，主要包括工资、全球流动性、人才吸引与保留、工作场所的人工智能、人工智能的使用、未来的人工智能技能 6 个方面。

## 2. 国内研究现状

国内研究单位和学者构建了一系列指标体系对人才水平进行评估，主要包括以下几个方面：

许多学者和单位从省市宏观层面对人才发展环境进行了评价。谨素静（2022）以人才发展环境评价研究中较为成熟的"五位一体"总体布局为基本理论框架，人才环境指数体系主要涉及经济、政治、社会、文化和自然 5 个方面；王雅荣等（2015）基于综合指数法对呼包鄂三市的人才环境进行了比较，包含经济环境、生活环境、文化环境及政策环境 4 个维度下 17 个指标。《深圳市人才发展环境指数》从人才发展经济环境指数、人才发展创新创业环境指数、人才发展法治环境指数、人才发展社会环境指数、人才发展生态环境指数、人才发展政策环境指数和人才发展文化环境指数 7 个方面对人才发展环境指数进行测度；也有学者在构建人才指数过程中运用了微观收集的数据。

对于人才竞争力相关的分析有以下几种。北京大学光华管理学院与北京人才发展战略研究院联合发布的《全球城市人才黏性指数报告2022》在全球范围内对102个国家进行了人才竞争力的衡量，评价指标涉及经济基础、创新潜能、文化开放、生态健康、社会福利以及公共生活6个维度；桂昭明等（2023）发表了《世界区域人才竞争力评价指数与分析报告》，运用层次分析法将人才竞争力拆分为人才规模指标、人才质量指标、人才环境指标、人才投入指标、人才效能指标5个方面；人民论坛课题组2017年发布了《中国区域人才竞争力指数调查报告》，从人才资源、人才效能、人才环境3个方面对不同地区的人才竞争力进行了比较。李光全（2014）从国家层面对人才国家竞争力进行了评价。对于综合性的人才指数，学界主要参考徐国祥等（1997）对于人才综合指数的构建，即人才综合指数 = 人才学历指数 × 人才职称指数 × 人才年龄指数 × 人才产业指数。由全球化智库（Center for China and Globalization, CCG）、西南财经大学发展研究院联合发布，社会科学文献出版社出版的《中国区域国际人才竞争力报告》从国际人才规模、结构、创新、政策、发展和生活6方面对中国区域国际人才的竞争力进行了测度；全球化智库与南方国际人才研究院联合发布的《粤港澳大湾区人才发展报告》从人才发展基础、人才创新创业环境、人才安居保障和人才聚集动力4个方面评价了粤港澳大湾区的人才发展现状。

上述指标构建主要面向人才总体进行评估，但鲜有针对新质生产力人才进行的评估与分析，较为接近的是吴凡等（2024）构建的区域人才创新指数，从创新基础、创新投入、创新产出3个层面进行分析，但分析结论仅覆盖了粤港澳大湾区。针对新质生产力相关的评价指标，宋佳等（2024）从活劳动与物化劳动两个方面构建了企业新质生产力指标，具体包括研发人员、高学历人员、固定资产、制造费用等方面的评估。清华大学与深圳人才集团联合发布的《中国创新人才指数》从城市和高校两类创新载体出发对中国创新人才的基本情况进行了测度，从人才规模、人才结构、人才效能、人才环境 4 个维度出发对各城市的创新人才发展水平进行了评估，评价指标较为全面，为我国新质生产力人才评价体系的构建提供了丰富的借鉴价值，但同样仅使用了宏观层面的统计数据，对于重点人才及重点行业缺乏关注。

除了宏观统计数据的使用，也有部分研究成果结合了微观统计数据或调查数据。例如，萧鸣政等（2022）根据问卷调查数据进行因子分析，检验了指标内容相关性、指标重复性，确定了包含经济社会与文化环境、政策环境、人才市场环境、生活环境、教育与科技发展环境 5 个方面的区域人才发展环境指数；中国经济信息社和成都人力资源服务产业园联合发布的《中国人才指数》将统计数据和互联网大数据相结合，从人才资源的内在要素、人才竞争的外在要素以及人才发展的效能要素等 3 个方面构建了人才发展评价标准；人民论坛测评中心发布的《中国区域人才竞争力指数调查报告》从人才资源竞争力、人才效能竞争力以及人才环境竞争力 3 个维度进行测度，综合采用了 wind 数据库数据与主观问卷调查数据，分析结论更加完整全面。

这些指数评价体系聚焦于不同层面和维度，全面评估了人才的发展状况，并针对不同区域与城市具体分析其人才培养、引进和使用方面的成效与不足，为制定更加科学、合理的人才政策，提升人才环境的质量提供了重要支持。但是，总体而言，以人才评估为目标的指标体系构建主要聚焦于宏观层面，且以对人才所处的宏观环境评估与人才竞争力评估为主，对于新质生产力人才这一重要人才分支的全面评估尚不多见。

基于此，本报告将综合各类宏观官方统计资料及猎聘网微观招聘数据，借鉴已有研究的成熟经验，构建全面综合的新质生产力人才评估体系，根据不同城市和地区的新质生产力人才指数得分对新质生产力人才现状进行分析，提出切实有效的政策建议，以推动我国新质生产力的持续健康发展。

## 三、研究意义

人才是第一资源，创新是第一动力。在高质量发展的要求下，培育并发展新质生产力成为时代所需，也是各国竞争所在，培养新质生产力人才成为推动新质生产力可持续健康发展的重要举措。因此，明确现有的人才储备状况，找准培养新质生产力人才所需的人才发展环境成为当下需优先考虑的问题。目前，国内鲜有以"新质生产力人才"为评估对象的评估体系，社会各界亟需建立一个科学、系统、全面的新质生产力人才评估体系，以深入洞悉新质生产力人才的发展现状，进而制定更为精准的人才政策，优化人才发展环境，形成科学的人才培养方案，实现产业的转型升级与布局调整。

新质生产力人才指数的建立，在理论上有助于丰富国内现有人才指数领域的研究成果，构建更为完善的测度指标，推动人才评价体系的科学化和规范化，为现有的人才评价提供新的工具，有助于提供有力的理论支撑和实践指导，以更好地了解、培养和发展人才。

此外，新质生产力人才指数的构建，有助于推动新质生产力的形成。习近平总书记在中共中央政治局第十一次集体学习时强调，"发展新质生产力是推动高质量发展的内在要求和重要着力点，必须继续做好创新这篇大文章，推动新质生产力加快发展"。创新之道，关键是人。人才对党和国家的事业发展有重要作用，新质生产力的形成离不开高水平人才的建设。因此，"摸清家底，选贤举能"是发展新质生产力的重要基础和前提。新质生产力人才指数作为综合评价工具，对现有的人才资源进行全面、深入的评估，了解人才的数量、结构、分布、能力水平以及发展需求等情况，这有助于明晰人才队伍的现状和存在的问题，为制定针对性的人才政策和培养计划提供科学依据，不断提升政策的有效性。

最后，通过对不同行业与不同城市的人才现状进行评估，有利于推动当地人才发展环境的不断改善，提升人才吸引能力与留存能力，实现人才发展环境、人才集聚及新质生产力形成与发展的良性互动。

## 参考文献

[1] 张东刚. 新质生产力：理论创新、形成机理与未来展望 [J]. 应用经济学评论，2024，4(01)：3-15.

[2] 谨素静. 城市人才发展环境指数编制及实证研究 [J]. 中国人事科学，2022，(11)：19-27.

[3] 王雅荣，易娜. 基于综合指数法的呼包鄂三市人才环境比较 [J]. 西北人口，2015，36(01)：79-84.

[4] 桂昭明，郑金连，桂乐政. 世界区域人才竞争力评价指数与分析报告（2022 年）[J]. 中国人事科学，2023，(03)：17-24.

[5] 李光全. 中国人才国家竞争力的指数评价与提升对策研究 [J]. 领导科学，2014，(14)：42-44.

[6] 徐国祥，张淼. 人才指数的编制及其应用研究 [J]. 统计研究，1997，(06)：40-42.

[7] 吴凡，傅嘉钰 . 区域人才创新指数构建与评价——基于粤港澳大湾区的实证分析 [J]. 科技智囊，2024，(02)：52-61.

[8] 宋佳，张金昌，潘艺 . ESG 发展对企业新质生产力影响的研究——来自中国 A 股上市企业的经验证据 [J]. 当代经济管理，2024，46(06)：1-11.

[9] 萧鸣政，应验，张满 . 人才高地建设的标准与路径——基于概念、特征、结构与要素的分析 [J]. 中国行政管理，2022，(05)：50-56.

[10] 萧鸣政，张睿超 . 区域人才开发指数的实证研究——基于广东省的样本调查与分析 [J]. 科技管理研究，2022，42(07)：79-86.

第 1 章

# 中国新质生产力
# 人才指数指标体系

本章详细阐述了中国新质生产力人才指数指标体系的构建过程，涉及评价指标选取原则、评价维度及具体指标、指标权重分配方法以及数据来源与数据处理等方面，通过系统化的方法提供精准、全面的分析工具，以深化对新质生产力人才的分析与评价。遵循科学性、简明性、可比性和可行性原则，本文确立了涵盖人才资源、人才效能、人才环境及人才载体四大一级维度，细分为人才规模、人才结构、创新效能、经济效能等八项指标，构建了全面的新质生产力人才评价框架。

为确保评价体系的客观性和科学性，本文基于各项指标的变异程度，利用信息熵工具，计算出各个指标的权重。数据来源方面，本文从宏观和微观两个层面展开，全面评估中国新质生产力人才现状。宏观数据主要来源于官方统计数据，而微观数据则来源于猎聘大数据研究院提供的招聘网站数据。同时，将各二级维度指标划分为正向指标与负向指标，并分别进行标准化处理，保障数据的可靠性。

最后，针对 2022 年和 2023 年的统计数据，本文运用选定的指标维度和权重分配方法，分别计算并呈现了各一级及二级指标对应的指标权重，以支持后续对新质生产力人才的进一步分析。

## 一、评价指标选取原则

中国新质生产力人才指数要能够提供准确、全面和实用的新质生产力人才信息，帮助促进新质生产力人才的分析、统计和评价，就必须满足一定的原则：

第一，科学性原则。评价指标的选择力求客观真实地反映中国新质生产力人才的发展特点和趋势以及各指标之间的逻辑关系。

第二，简明性原则。选择具有典型代表性的指标，避免评价指标过多过细，确保数据收集与分析的准确性。

第三，可比性原则。采用国内外普遍使用的指标，使评估结果更具可比性，确保计算量度和计算方法的统一性。

第四，可行性原则。充分考虑指标的可获得性和数据来源的真实性，确保指标便于量化、便于数据采集和计算。

## 二、评价维度及具体指标

结合相关领域研究成果，本文评价指标体系的构建主要从人才资源、人才效能、人才环境和人才载体 4 个一级指标展开，二级指标包括人才规模、人才结构、创新效能、经济效能、人才吸引、人才发展、创新载体、绿色载体共 8 个方面。

### 1. 一级维度：人才资源

人才是创新的第一资源，为了实现新质生产力的形成和发展，首先需要盘点已有的人才资源，全面考察人才的数量、质量、结构和创新能力等多个方面，以及不同行业的人才总量，对国内人才资源情况做到充分把握。此维度下的二级维度分别为：

（1）二级维度：人才规模

人才规模反映了人才资源的数量，在人才规模二级维度下，包含的三级指标有：劳动人口数、科研人员数、两院院士数、顶级科技奖项获奖人数、人才引进落户人数、高被引学者数、具有正高职称的专家数、中高端人才总量[①]、新能源汽车行业人才总量、人工智能行业人才总量、大数据行业人才总量、新材料行业人才总量、生物医药行业人才总量和电子 / 通信 / 半导体行业人才总量。

（2）二级维度：人才结构

人才结构反映了人才资源的结构，在人才结构二级维度下，包含的三级指标有：地区人均受教育年限、本科及以上人员占比、研究生及以上人员占比、35 岁以下劳动者占比、每万人拥有 R&D 人员[②]数、中高端人才占比、新能源汽车行业人才占比、人工智能行业人才占比、大数据行业人才占比、新材料行业人才占比、生物医药行业人才占比、电子 / 通信 / 半导体行业人才占比、专精特新行业人才占比、高端装备制造业人才占比、战略性新兴产业人才占比和数字经济行业人才占比。

## 2. 一级维度：人才效能

人才效能描述了地区人才利用水平，只重视人才数量不重视人才利用效率，或忽视人才分布层次结构的合理性，会导致人才浪费现象。因此，考察地区人才效能有助于清晰掌握各地区人才利用水平情况，为地区制定人才发展规划、相关政策及国家与企业选择投资地区提供决策支持。此维度下的二级维度分别为：

（1）二级维度：创新效能

创新效能是人才在创新方面产生的效率、效果、效益。在创新效能二级维度下，包含的三级指标有：每万人专利授权数、世界学术影响力年报

---

① 中高端人才指 10 万以上年薪或本科及以上学历的人员，数据来自猎聘网。
② 指报告期企业内部从事 R&D 活动的人员。包括直接参加 R&D 项目活动的人员、R&D 项目管理人员，以及为 R&D 活动提供资料文献、材料供应、设备维护等直接服务的人员。

期刊论文数、国内核心期刊发表论文数和高端人才人均掌握新技能数量。

（2）二级维度：经济效能

经济效能是人才在经济方面产生的效率、效果、效益。在经济效能二级维度下，包含的三级指标有：劳动生产率/人均 GDP、中国科创板企业数、中国创新企业 100 强企业数、新经济行业上市公司数量和高技术制造业企业市值。

### 3.　一级维度：人才环境

人才环境与人才的创新与发展密不可分，是实现新质生产力的重要基础。积极营造尊重人才、求贤若渴的社会环境，公正平等、竞争择优的制度环境，待遇适当、保障有力的生活环境，为人才心无旁骛钻研业务创造良好条件，这是落实好人才工作的基本原则。此维度下的二级维度分别为：

（1）二级维度：人才吸引

人才吸引是地区吸引和留住人才方面的能力。在人才吸引二级维度下，包含的三级指标有：职工平均工资、房价收入比、人均绿地面积、每万人卫生技术人员数、教育资源重点中学、中高端人才平均薪酬、应届生投递地区占比、人才意向工作地占比、人才引进政策支持指数和人才服务政策评价指数。

（2）二级维度：人才发展

人才发展是地区支持人才提升和发展的能力。在人才发展二级维度下，包含的三级指标有：地方财政科技支出、人均教育经费支出、邮政业务总量、电信业务总量、人才培养政策支持指数、人才评价政策支持指数和人才创新政策支持指数。

### 4. 一级维度：人才载体

人才载体建设作为人才聚集、产业转型、城市发展的新引擎，只有坚持把各类平台载体建优建强，才能让高层次人才各展所能、人尽其才。此维度下的二级维度分别为：

#### （1）二级维度：创新载体

创新载体是促进产业发展的基础，也是有效集聚创新资源、汇聚创新资本、吸引创新人才的组织形态和空间形态。在创新载体二级维度下，包含的三级指标有：国家重点实验室、国际级工程技术研究中心、专精特新"小巨人"企业数、高新技术企业数（累计）、中国独角兽企业数、双一流高校数、新发职位占比（人才结构）、要求掌握 AIGC 的职位占比、数字人才需求占比、新能源汽车行业人才新职位占比、人工智能行业新职位占比、大数据行业新职位占比、新材料行业新职位占比、生物医药行业新职位占比和电子 / 通信 / 半导体行业新职位占比。

#### （2）二级维度：绿色载体

绿色载体是城市降低消耗、减少排放、改善生态环境的基础，对加快生态文明建设具有重要作用。在绿色载体二级维度下，包含的三级指标有：全国碳排放权交易配额管理企业数、绿色工厂数、绿色供应链管理企业数、A 股上市 ESG 评级（中 E 的评级）A 级以上企业数、绿色人才政策发文数、ESG 职位需求占比和绿色行业人才占比。

## 三、指标权重分配方法

熵值法是用来判断某个指标的离散程度的数学方法，熵是对不确定性的一种度量。根据熵的特性，我们可以通过计算熵值来判断一个事件的随机性及无序程度，也可以用熵值来判断某个指标的离散程度。指标的离散程度越大，该指标对综合评价的影响越大。因此，可根据各项指标的变异程度，利用信息熵这一工具，计算出各个指标的权重，为多指标综合评价提供依据。

设样本量为 m，指标数量为 n，$X_{ij}$ 为第 i 样本第 j 项指标的得分，其中 i=1，2，…，m；j=1，2，…，n；计算过程为：（1）数据正向化式；（2）指标值比重的计算式；（3）指标熵值计算式；（4）指标差异性系数计算式；（5）和指标权重计算式。于是得出 m 个样本 n 项指标的熵值 $e_j$、差异性系数 $g_j$ 和指标权重 $w_j$。

$$X'_{ij} = \frac{x_{ij} - \min(x_{1j}, x_{2j}, \cdots, x_{mj})}{\max(x_{1j}, x_{2j}, \cdots, x_{mj}) - \min(x_{1j}, x_{2j}, \cdots, x_{mj})} \quad (1)$$

$$P_{ij} = \frac{X'_{ij}}{\sum_{i=1}^{m} X'_{ij}}, 1 \leqslant j \leqslant n \quad (2)$$

$$e_j = -\frac{1}{\ln m} \sum_{i=1}^{m} P_{ij} \ln P_{ij}, 1 \leqslant i \leqslant m, 0 \leqslant e_j \leqslant 1 \quad (3)$$

$$g_j = 1 - e_j, 0 \leqslant g_j \leqslant 1 \quad (4)$$

$$W_j = \frac{g_j}{\sum_{i=1}^{m} g_j}, 0 \leqslant g_j \leqslant 1, w_1 + w_2 + \cdots + w_j = 1 \quad (5)$$

**图 1-1　熵值法计算过程**

## 四、数据来源与数据处理

### 1. 数据来源

本文的宏观数据主要来源于各类官方统计数据，包括《中国统计年鉴》《中国劳动统计年鉴》《中国教育统计年鉴》《中国城市统计年鉴》；使用的数据库主要包括中国区域经济数据库、中国财政税收数据库、中华人民共和国人力资源和社会保障部官网数据及各省区市政府公开数据等。本文的微观数据主要来源于猎聘大数据研究院提供的招聘网站，涉及求职者特征、用人单位、任职资格等多个方面及人工智能行业等重点行业的微观统计数据。

本文将宏观数据与微观数据相结合，综合数据可得性与新质生产力人才特征构建了较为准确的评价指标体系，丰富了现有研究成果，有助于在宏观、微观两个视角全面评估新质生产力人才现状。

### 2. 标准化处理

由于不同指标对就业质量的评价有正向和负向两种功能，故将各二级维度指标划分为正向指标与负向指标，并分别进行标准化。

其中正向指标得分公式为：

$Score_i = [ ( X_i - X_{min} ) / ( X_{max} - X_{min} ) ]$

负向指标得分公式为：

$Score_i = [ ( X_{max} - X_i ) / ( X_{max} - X_{min} ) ]$

## 五、完整指标评价体系的构建

根据上述指标维度的选择以及确定指标权重的方法，针对 2022 年度和 2023 年度的统计数据，分别计算了各一级维度指标及二级维度指标对应的指标权重，如表 1-1 所示。

表1-1  新质生产力人才指数评价指标体系

| | 一级维度指标 | 二级维度指标 | 三级维度指标 |
|---|---|---|---|
| 新质生产力人才指数 | 人才资源 | 人才规模 | 劳动人口数 |
| | | | 科研人员数 |
| | | | 两院院士数 |
| | | | 顶级科技奖项获奖人数 |
| | | | 人才引进落户人数 |
| | | | 高被引学者数 |
| | | | 具有正高职称的专家数 |
| | | | 中高端人才总量 |
| | | | 新能源汽车行业人才总量 |
| | | | 人工智能行业人才总量 |
| | | | 大数据行业人才总量 |
| | | | 新材料行业人才总量 |
| | | | 生物医药行业人才总量 |
| | | | 电子/通信/半导体行业人才总量 |
| | | 人才结构 | 地区人均受教育年限 |
| | | | 本科及以上人员占比 |

续表

| 一级维度<br>指标 | 二级维度<br>指标 | 三级维度<br>指标 |
|---|---|---|
| 人才资源 | 人才结构 | 研究生及以上人员占比 |
| | | 35 岁以下劳动者占比 |
| | | 每万人拥有 R&D 人员数 |
| | | 中高端人才占比 |
| | | 新能源汽车行业人才占比 |
| | | 人工智能行业人才占比 |
| | | 大数据行业人才占比 |
| | | 新材料行业人才占比 |
| | | 生物医药行业人才占比 |
| | | 电子 / 通信 / 半导体行业人才占比 |
| | | 专精特新行业人才占比 |
| | | 高端装备制造业人才占比 |
| | | 战略性新兴产业人才占比 |
| | | 数字经济行业人才占比 |
| 人才效能 | 创新效能 | 每万人专利授权数 |
| | | 世界学术影响力年报期刊论文数 |
| | | 国内核心期刊发表论文数 |
| | | 高端人才人均掌握新技能数量 |
| | 经济效能 | 劳动生产率 / 人均 GDP |
| | | 中国科创板企业数 |
| | | 中国创新企业 100 强企业数 |

（一级维度指标首列为"新质生产力人才指数"，纵向合并）

| | 一级维度<br>指标 | 二级维度<br>指标 | 三级维度<br>指标 |
|---|---|---|---|
| 新质生产力<br>人才指数 | 人才效能 | 经济效能 | 新经济行业上市公司数量 |
| | | | 高技术制造业企业市值 |
| | 人才环境 | 人才吸引 | 职工平均工资 |
| | | | 房价收入比 |
| | | | 人均绿地面积 |
| | | | 每万人卫生技术人员数 |
| | | | 教育资源重点中学 |
| | | | 中高端人才平均薪酬 |
| | | | 应届生投递地区占比 |
| | | | 人才意向工作地占比 |
| | | | 人才引进政策支持指数 |
| | | | 人才服务政策评价指数 |
| | | 人才发展 | 地方财政科技支出 |
| | | | 人均教育经费支出 |
| | | | 邮政业务总量 |
| | | | 电信业务总量 |
| | | | 人才培养政策支持指数 |
| | | | 人才评价政策支持指数 |
| | | | 人才创新政策支持指数 |
| | 人才载体 | 创新载体 | 国家重点实验室 |

续表

| | 一级维度<br>指标 | 二级维度<br>指标 | 三级维度<br>指标 |
|---|---|---|---|
| 新质生产力<br>人才指数 | 人才载体 | 创新载体 | 国际级工程技术研究中心 |
| | | | 专精特新"小巨人"企业数 |
| | | | 高新技术企业数（累计） |
| | | | 中国独角兽企业数 |
| | | | 双一流高校数 |
| | | | 新发职位占比（人才结构） |
| | | | 要求掌握 AIGC 的职位占比 |
| | | | 数字人才需求占比 |
| | | | 新能源汽车行业人才新职位占比 |
| | | | 人工智能行业新职位占比 |
| | | | 大数据行业新职位占比 |
| | | | 新材料行业新职位占比 |
| | | | 生物医药行业新职位占比 |
| | | | 电子／通信／半导体行业新职位占比 |
| | | 绿色载体 | 全国碳排放权交易配额管理企业数 |
| | | | 绿色工厂数 |
| | | | 绿色供应链管理企业数 |
| | | | A 股上市 ESG 评级（中 E 的评级）A 级<br>以上企业数 |
| | | | 绿色人才政策发文数 |
| | | | ESG 职位需求占比 |
| | | | 绿色行业人才占比 |

## 六、评价指标体系的边际贡献

本文所构建的评价指标体系具备以往人才评价体系所缺乏的优点，更加全面。本文人才评价指标体系的主要边际贡献有：第一，本文的人才指标评价体系"人才载体"中"绿色载体"这一维度包括了绿色人才的衡量维度，系统性地将绿色人才的发展现状考虑进整体人才指标体系内，使人才评价更加全面、更加契合时代发展与生态文明建设的要求；第二，本文创新性地采用猎聘网的人才招聘数据等一系列微观数据，将多行业的具体人才信息纳入分析，所构建的指标更加真实可靠；第三，为了全面梳理新质生产力人才的培养现状，本文系统地整理了各地区的人才政策并进行归类分析，填补了以往的人才指标体系构建的空白。

第2章

# 中国新质生产力
# 人才指数综合分析

本章的评估对象为国家统计局指定的全国 70 个大中城市，包括直辖市、省会城市、自治区首府（不含拉萨）、计划单列市等，确保了研究对象的广泛性与代表性。评估的城市群体涵盖一线城市、新一线城市、二线与三线城市，从多层次深入剖析人才生态。同时，基于四大经济区域的划分，报告进一步进行了地区层面的聚类分析。

基于以上研究对象的选取和分类，本章首先针对 2022 年和 2023 年统计数据，从城市和地区两个维度分别计算了新质生产力人才指数的综合得分及排名，揭示了中国新质生产力人才格局的全貌。在城市层面，指数排名前十的城市大多为经济较为发达的城市，如北京和上海，它们在人才载体和人才资源维度表现突出，具有强大的经济实力、人才聚集和创新能力。相对而言，排名靠后的城市，往往因经济基础薄弱、位置偏远等，在人才争夺战中处于不利地位。这一现象也揭示出我国各区域间人才发展的不平衡性。在地区层面，东部地区以其经济实力、创新资源和优越环境，成了高端人才的汇聚高地，在新质生产力人才指数得分上远超其他地区。为缩小区域差距，中部、西部及东北地区亟须加大经济建设力度，提升创新能力，并优化人才发展生态环境，以吸引更多高质量人才，推动区域人才生态的均衡发展。

其次，本章对比分析了 70 个城市 2023 年与 2022 年新质生产力人才指数，发现 35.71% 的城市排名提升，东部地区占比最大，中西部地区的部分城市也实现了排名的显著提升，体现其在经济发展、创新能力提升及人才政策优化等方面的积极举措。然而，由于经济结构调整、人才流失等挑战，部分城市的排名出现大幅下滑，需要政府采取措施以推动城市发展。值得一提的是，新质生产力人才指数前十名城市的整体表现相当稳定，表现出在持续吸引与留住人才方面的优势与实力。

## 一、评估对象

　　本报告旨在全面评估国家统计局指定的全国 70 个大中城市（具体名单详见表 2-1）的新质生产力人才现状。评估对象的选取不仅体现了覆盖范围的广泛性，还确保了高度的代表性，包括了直辖市、省会城市、自治区首府（不含拉萨）、计划单列市以及另外 35 个具有影响力的城市。评估的城市群体既涵盖了一线、新一线城市，也包括了部分二线和三线城市，旨在实现多层次的深入剖析。报告还基于四大经济区域的划分，对这些城市进行了地区层面的聚类分析，以便从多个维度准确评估新质生产力人才的分布与现状。

　　鉴于香港、澳门及台湾地区与内地（大陆）城市在制度、文化和经济环境上的差异，以及为确保数据的可比性和可获得性，本报告在评估过程中暂未将这三个地区纳入研究范围，而是专注于对内地（大陆）城市进行深入分析和评估。

## 二、中国新质生产力人才指数（2023 年、2022 年）综合分析

### 1. 中国新质生产力人才指数（2023 年）综合分析

### （1）各城市新质生产力人才指数综合得分及排名（2023 年）

表 2-1　各城市新质生产力人才指数综合得分及排名（2023 年）

| 城市 | 综合得分 | 综合排名 | 城市 | 综合得分 | 综合排名 |
|------|---------|---------|------|---------|---------|
| 北京 | 0.747 | 1 | 深圳 | 0.455 | 3 |
| 上海 | 0.667 | 2 | 广州 | 0.296 | 4 |

续表

| 城市 | 综合得分 | 综合排名 | 城市 | 综合得分 | 综合排名 |
|---|---|---|---|---|---|
| 杭州 | 0.281 | 5 | 惠州 | 0.065 | 26 |
| 武汉 | 0.207 | 6 | 南宁 | 0.065 | 27 |
| 南京 | 0.206 | 7 | 南昌 | 0.064 | 28 |
| 成都 | 0.190 | 8 | 石家庄 | 0.063 | 29 |
| 重庆 | 0.176 | 9 | 哈尔滨 | 0.060 | 30 |
| 长沙 | 0.165 | 10 | 贵阳 | 0.059 | 31 |
| 合肥 | 0.163 | 11 | 桂林 | 0.056 | 32 |
| 西安 | 0.157 | 12 | 泉州 | 0.056 | 33 |
| 天津 | 0.154 | 13 | 宜昌 | 0.055 | 34 |
| 青岛 | 0.133 | 14 | 温州 | 0.054 | 35 |
| 无锡 | 0.116 | 15 | 乌鲁木齐 | 0.053 | 36 |
| 宁波 | 0.115 | 16 | 烟台 | 0.052 | 37 |
| 郑州 | 0.113 | 17 | 太原 | 0.049 | 38 |
| 济南 | 0.112 | 18 | 徐州 | 0.048 | 39 |
| 厦门 | 0.096 | 19 | 兰州 | 0.046 | 40 |
| 沈阳 | 0.079 | 20 | 赣州 | 0.046 | 41 |
| 福州 | 0.076 | 21 | 扬州 | 0.044 | 42 |
| 大连 | 0.070 | 22 | 呼和浩特 | 0.042 | 43 |
| 昆明 | 0.069 | 23 | 韶关 | 0.042 | 44 |
| 长春 | 0.068 | 24 | 金华 | 0.042 | 45 |
| 襄阳 | 0.066 | 25 | 九江 | 0.039 | 46 |

续表

| 城市 | 综合得分 | 综合排名 | 城市 | 综合得分 | 综合排名 |
|---|---|---|---|---|---|
| 洛阳 | 0.038 | 47 | 秦皇岛 | 0.031 | 59 |
| 吉林 | 0.036 | 48 | 岳阳 | 0.030 | 60 |
| 海口 | 0.036 | 49 | 西宁 | 0.029 | 61 |
| 包头 | 0.036 | 50 | 平顶山 | 0.029 | 62 |
| 银川 | 0.036 | 51 | 遵义 | 0.026 | 63 |
| 济宁 | 0.035 | 52 | 泸州 | 0.024 | 64 |
| 安庆 | 0.035 | 53 | 锦州 | 0.023 | 65 |
| 大理 | 0.033 | 54 | 常德 | 0.023 | 66 |
| 唐山 | 0.033 | 55 | 南充 | 0.018 | 67 |
| 蚌埠 | 0.033 | 56 | 三亚 | 0.017 | 68 |
| 北海 | 0.032 | 57 | 牡丹江 | 0.014 | 69 |
| 湛江 | 0.032 | 58 | 丹东 | 0.012 | 70 |

根据表 2-1 的数据可以得出，新质生产力人才指数排名前十的城市分别为北京、上海、深圳、广州、杭州、武汉、南京、成都、重庆和长沙，大多为一线或新一线等经济较为发达的城市。这些城市凭借强大的经济实力、人才聚集和创新能力，在新质生产力的发展上占据明显优势。特别是北京和上海，北京作为中国的政治和文化中心，上海作为中国的经济中心，其新质生产力人才指数得分显著领先，均超过 0.6，相较于第三位的深圳表现出较大的优势。同时，深圳也大幅领先其余城市，位居第四的广州，得分为 0.296，与杭州相近，略高于武汉、南京和成都等城市。

相对而言，得分靠后的城市主要集中在经济基础相对薄弱、地理位置相对偏远的区域，例如大理、北海、三亚、牡丹江和丹东等地。这些城市的得分数值与北京、上海等地相比，表现出较大的差距。这些城市由于经济发展相对滞后、人才发展资源不足等，在吸引和留住高素质人才方面面临诸多挑战。这一现象也揭示了我国各地在新质生产力人才发展上的不均衡性，值得高度关注和深入思考。

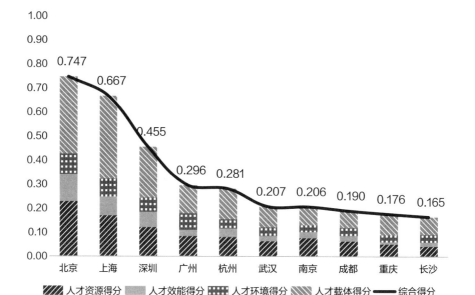

图 2-1　新质生产力人才指数综合得分排名前十城市（2023 年）

从新质生产力人才指数的各一级维度深入剖析，2023 年综合得分位列前十的城市中，人才载体和人才资源两大维度成为拉开总分差距的关键因素。相比之下，各城市在人才效能和人才环境上的得分表现则相对均衡，并未形成显著的差距。以北京为例，其人才载体得分高达 0.321，而长沙则为 0.073，就绝对分值而言几近 5 倍。这表明在吸引和培养人才所需的平台、机构等资源方面，北京等超一线城市具有显著优势。同样，北京的人才资源得分也达到了 0.229，而长沙为 0.042，这一巨大差距进一步印证了北京、上海等超一线城市在人才聚集和储备方面的领先地位。

值得一提的是，前十位的城市在各一级维度上的得分变化趋势与总分变化趋势高度一致，并未出现总分较低而单项得分异常突出的情况。这说明各城市在人才发展的各个方面保持着相对均衡的态势，没有出现明显的短板或优势领域。

**（2）各地区新质生产力人才指数综合得分及排名（2023 年）**

表 2-2　各地区新质生产力人才指数综合得分及排名

| 地区 | 综合得分 | 综合排名 | 包含城市 |
|---|---|---|---|
| 东部地区 | 0.147 | 1 | 北京、天津、石家庄、上海、南京、杭州、宁波、福州、厦门、济南、青岛、广州、深圳、海口、唐山、秦皇岛、无锡、徐州、扬州、温州、金华、泉州、烟台、济宁、韶关、湛江、惠州、三亚 |
| 中部地区 | 0.072 | 2 | 太原、合肥、南昌、郑州、武汉、长沙、蚌埠、安庆、九江、赣州、洛阳、平顶山、宜昌、襄阳、岳阳、常德 |
| 西部地区 | 0.064 | 3 | 呼和浩特、南宁、重庆、成都、贵阳、昆明、西安、兰州、西宁、银川、乌鲁木齐、包头、桂林、北海、泸州、南充、遵义、大理 |
| 东北地区 | 0.045 | 4 | 沈阳、大连、长春、哈尔滨、丹东、锦州、吉林、牡丹江 |

东部地区在新质生产力人才指数方面的表现尤为突出，远超其他地区，起到了创新引领的示范作用。新质生产力人才指数排名前六的城市均位于东部，这些城市都是京津冀、长三角或粤港澳大湾区城市群的核心城

市。凭借雄厚的经济实力、丰富的创新资源和良好的发展环境，这些地区成功吸引了大量高端人才，形成了显著的人才聚集效应。

相比之下，中部、西部及东北地区在新质生产力人才指数的排名中，紧随东部之后，分别占据第二、第三、第四的位置。尽管三者得分差距细微，但在追赶东部地区的过程中，仍面临诸多挑战。为有效缩短与东部地区的差距，这三大区域需进一步加大经济建设力度，加速创新能力提升，并全面优化人才发展的生态环境，以吸引并留住更多高素质、高技能人才。

## 2. 中国新质生产力人才指数（2022 年）综合分析

### （1）各城市新质生产力人才指数综合得分及排名（2022 年）

表 2-3　各城市新质生产力人才指数综合得分及排名（2022 年）

| 城市 | 综合得分 | 综合排名 | 城市 | 综合得分 | 综合排名 |
|------|---------|---------|------|---------|---------|
| 北京 | 0.758 | 1 | 成都 | 0.189 | 8 |
| 上海 | 0.678 | 2 | 长沙 | 0.159 | 9 |
| 深圳 | 0.457 | 3 | 天津 | 0.157 | 10 |
| 广州 | 0.294 | 4 | 合肥 | 0.156 | 11 |
| 杭州 | 0.261 | 5 | 重庆 | 0.154 | 12 |
| 南京 | 0.216 | 6 | 西安 | 0.154 | 13 |
| 武汉 | 0.200 | 7 | 青岛 | 0.128 | 14 |

续表

| 城市 | 综合得分 | 综合排名 | 城市 | 综合得分 | 综合排名 |
|------|---------|---------|------|---------|---------|
| 无锡 | 0.108 | 15 | 哈尔滨 | 0.056 | 32 |
| 宁波 | 0.107 | 16 | 桂林 | 0.055 | 33 |
| 济南 | 0.103 | 17 | 太原 | 0.055 | 34 |
| 郑州 | 0.101 | 18 | 烟台 | 0.054 | 35 |
| 厦门 | 0.096 | 19 | 温州 | 0.051 | 36 |
| 沈阳 | 0.083 | 20 | 乌鲁木齐 | 0.050 | 37 |
| 福州 | 0.074 | 21 | 宜昌 | 0.049 | 38 |
| 长春 | 0.074 | 22 | 赣州 | 0.046 | 39 |
| 南昌 | 0.067 | 23 | 洛阳 | 0.044 | 40 |
| 昆明 | 0.067 | 24 | 扬州 | 0.044 | 41 |
| 襄阳 | 0.067 | 25 | 金华 | 0.044 | 42 |
| 大连 | 0.067 | 26 | 徐州 | 0.042 | 43 |
| 贵阳 | 0.065 | 27 | 九江 | 0.042 | 44 |
| 惠州 | 0.065 | 28 | 兰州 | 0.041 | 45 |
| 泉州 | 0.064 | 29 | 呼和浩特 | 0.040 | 46 |
| 南宁 | 0.062 | 30 | 韶关 | 0.040 | 47 |
| 石家庄 | 0.060 | 31 | 安庆 | 0.039 | 48 |

续表

| 城市 | 综合得分 | 综合排名 | 城市 | 综合得分 | 综合排名 |
|---|---|---|---|---|---|
| 蚌埠 | 0.037 | 49 | 西宁 | 0.029 | 60 |
| 济宁 | 0.037 | 50 | 秦皇岛 | 0.028 | 61 |
| 吉林 | 0.036 | 51 | 平顶山 | 0.026 | 62 |
| 银川 | 0.035 | 52 | 遵义 | 0.025 | 63 |
| 北海 | 0.034 | 53 | 泸州 | 0.023 | 64 |
| 海口 | 0.033 | 54 | 锦州 | 0.023 | 65 |
| 唐山 | 0.033 | 55 | 常德 | 0.021 | 66 |
| 湛江 | 0.031 | 56 | 三亚 | 0.018 | 67 |
| 包头 | 0.031 | 57 | 南充 | 0.017 | 68 |
| 岳阳 | 0.029 | 58 | 牡丹江 | 0.015 | 69 |
| 大理 | 0.029 | 59 | 丹东 | 0.013 | 70 |

基于2022年的统计数据，新质生产力人才指数排名前十的城市依次为北京、上海、深圳、广州、杭州、南京、武汉、成都、长沙和天津。除天津外，其余城市的排名与2023年相比，保持了高度一致。北上广深四大城市继续保持显著的竞争优势，其中北京和上海的新质生产力人才指数得分依然尤为突出，相较于排名第三、第四的深圳和广州展现出明显的优势。

与 2023 年类似，2022 年低分城市多位于经济基础薄弱、地理位置偏远的区域，如大理、泸州、三亚、牡丹江、丹东等地，与北上广深得分差距显著。这反映出中国各地在新质生产力人才发展上的不均衡。政府需从经济发展、产业结构优化、人才吸引与培育、人才政策完善等多维度着手，逐步缩小城市间在新质生产力人才方面的差距，推动城市的均衡发展。

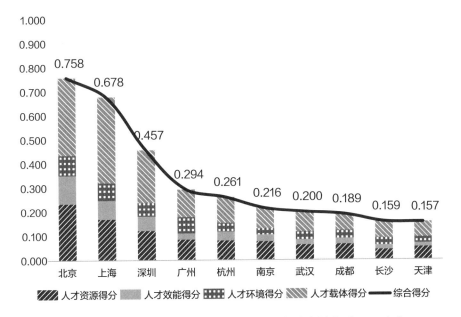

图 2-2　新质生产力人才指数综合得分排名前十城市（2022 年）

从各一级维度的具体评分来看，与 2023 年的情况相似，2022 年综合得分的显著差异主要归因于人才载体和人才资源两个维度。具体来说，上海在人才载体方面获得了 0.357 的分数，而天津的得分则为 0.064，这体现了超一线城市在人才吸引和发展方面的显著优势。同时，北京在人才资源维度上获得了 0.235 的分数，远高于长沙的 0.042 分，进一步印证了北京、上海等超一线城市在人才储备和集聚方面的绝对领先地位。

此外，观察新质生产力人才指数排名前十的城市在各一级维度上的得分，其变化趋势与综合指标的变化趋势大致一致，表明这些城市在人才发展的各个方面均呈现出相对均衡的状态，没有显著的偏差或倾斜。这一均衡的发展态势为城市的持续、稳定发展提供了基础。

**（2）各地区新质生产力人才指数综合得分及排名（2022 年）**

从地域上看，根据我国四大经济区域划分，各地区新质生产力人才指数综合得分及排名如下：

表 2-4　各地区新质生产力人才指数综合得分及排名（2022 年）

| 地区 | 综合得分 | 综合排名 | 包含城市 |
| --- | --- | --- | --- |
| 东部地区 | 0.146 | 1 | 北京、天津、石家庄、上海、南京、杭州、宁波、福州、厦门、济南、青岛、广州、深圳、海口、唐山、秦皇岛、无锡、徐州、扬州、温州、金华、泉州、烟台、济宁、韶关、湛江、惠州、三亚 |
| 中部地区 | 0.071 | 2 | 太原、合肥、南昌、郑州、武汉、长沙、蚌埠、安庆、九江、赣州、洛阳、平顶山、宜昌、襄阳、岳阳、常德 |
| 西部地区 | 0.061 | 3 | 呼和浩特、南宁、重庆、成都、贵阳、昆明、西安、兰州、西宁、银川、乌鲁木齐、包头、桂林、北海、泸州、南充、遵义、大理 |
| 东北地区 | 0.046 | 4 | 沈阳、大连、长春、哈尔滨、丹东、锦州、吉林、牡丹江 |

与 2023 年的情况基本相同，东部地区新质生产力人才指数表现尤为突出，得分为第二名的两倍以上。其中，新质生产力人才指数排名前六的城市均位于东部，形成了显著的人才聚集效应。这些城市在经济、科技、

文化等多个领域均拥有显著优势，并通过制定和实施相关人才政策，为人才提供了广阔的发展空间和优质的生活环境，从而展现了东部地区在吸引和聚集高端人才方面的强大实力。与此同时，中部、西部和东北地区的得分依次递减，且各区域间的分差相对接近，但与东部地区相比存在显著差距。这一现象表明，这些地区在人才吸引和培养方面仍有较大的进步空间和发展潜力，需进一步优化人才政策，提升区域吸引力，以促进人才资源的均衡配置与发展。

## 三、中国新质生产力人才指数 2022—2023 年综合变动分析

### 1. 各城市新质生产力人才指数 2022—2023 年排名变动情况

表 2-5　各城市 2022—2023 年排名变动情况

| 排名上升城市 | 综合排名2022 | 综合排名2023 | 综合排名变动 | 排名下降城市 | 综合排名2022 | 综合排名2023 | 综合排名变动 |
|---|---|---|---|---|---|---|---|
| 包头 | 57 | 50 | ↑ 7 | 蚌埠 | 49 | 56 | ↓ 7 |
| 海口 | 54 | 49 | ↑ 5 | 洛阳 | 40 | 47 | ↓ 7 |
| 兰州 | 45 | 40 | ↑ 5 | 南昌 | 23 | 28 | ↓ 5 |
| 大理 | 59 | 54 | ↑ 5 | 安庆 | 48 | 53 | ↓ 5 |
| 大连 | 26 | 22 | ↑ 4 | 太原 | 34 | 38 | ↓ 4 |
| 徐州 | 43 | 39 | ↑ 4 | 贵阳 | 27 | 31 | ↓ 4 |
| 宜昌 | 38 | 34 | ↑ 4 | 泉州 | 29 | 33 | ↓ 4 |
| 呼和浩特 | 46 | 43 | ↑ 3 | 北海 | 53 | 57 | ↓ 4 |

续表

| 排名上升城市 | 综合排名2022 | 综合排名2023 | 综合排名变动 | 排名下降城市 | 综合排名2022 | 综合排名2023 | 综合排名变动 |
|---|---|---|---|---|---|---|---|
| 南宁 | 30 | 27 | ↑3 | 天津 | 10 | 13 | ↓3 |
| 重庆 | 12 | 9 | ↑3 | 金华 | 42 | 45 | ↓3 |
| 吉林 | 51 | 48 | ↑3 | 长春 | 22 | 24 | ↓2 |
| 韶关 | 47 | 44 | ↑3 | 九江 | 44 | 46 | ↓2 |
| 石家庄 | 31 | 29 | ↑2 | 赣州 | 39 | 41 | ↓2 |
| 哈尔滨 | 32 | 30 | ↑2 | 烟台 | 35 | 37 | ↓2 |
| 秦皇岛 | 61 | 59 | ↑2 | 济宁 | 50 | 52 | ↓2 |
| 惠州 | 28 | 26 | ↑2 | 岳阳 | 58 | 60 | ↓2 |
| 郑州 | 18 | 17 | ↑1 | 湛江 | 56 | 58 | ↓2 |
| 武汉 | 7 | 6 | ↑1 | 南京 | 6 | 7 | ↓1 |
| 昆明 | 24 | 23 | ↑1 | 济南 | 17 | 18 | ↓1 |
| 西安 | 13 | 12 | ↑1 | 长沙 | 9 | 10 | ↓1 |
| 银川 | 52 | 51 | ↑1 | 西宁 | 60 | 61 | ↓1 |
| 乌鲁木齐 | 37 | 36 | ↑1 | 扬州 | 41 | 42 | ↓1 |
| 温州 | 36 | 35 | ↑1 | 三亚 | 67 | 68 | ↓1 |
| 桂林 | 33 | 32 | ↑1 | | | | |
| 南充 | 68 | 67 | ↑1 | | | | |

　　对 70 个城市 2023 年与 2022 年新质生产力人才指数的对比分析显示，有 25 个城市实现了排名的上升，占比达到 35.71%。在地域分布上，东部地区城市普遍展现出人才吸引力增强的趋势，如海口、徐州等，可能归因于其在经济发展、创新能力提升及人才政策优化等方面的积极举措。与此同时，中部和西部地区的部分城市，如宜昌、呼和浩特等，排名也实现了显著的提升，体现了这些地区在人才发展上的积极变化。然而，也有部分城市的排名出现了较大幅度的下滑，这些城市或正面临经济结构调整、人才流失等挑战。面对这些困境，相关政府需要加大经济改革与创新的步伐，同时增强对人才吸引与培养的投入力度，以便更加有效地应对当前的挑战，推动城市的持续健康发展。新质生产力人才指数排名前十的城市的整体表现相当稳定，特别是五强城市的排名在 2022—2023 年间没有发生变化，这凸显了这些城市在持续吸引与留住新质生产力人才方面的稳固优势和强大实力。

第3章

中国新质生产力
人才指数分维度分析

本章基于前文构建的中国新质生产力人才指数，分别从人才资源、人才效能、人才环境与人才载体 4 个维度来解析 2023 年和 2022 年不同城市在人才领域的表现与差异。

在人才资源维度，排名前十的均为一线及新一线城市，东部城市上榜最多。其中，北京、上海和深圳在人才规模和结构上占据领先地位，尤其在人才规模方面有较明显的优势。在人才效能维度，排名前十的城市均为一线及新一线城市，且城市间的差距较大，经济效能的得分主要驱动了综合得分的差异，其中东部地区尤其是北京以其经济效能而遥遥领先。在人才环境维度，超一线城市和东部地区在人才吸引与发展方面表现突出，但值得注意的是，部分二、三线城市在人才发展方面也展现出强劲潜力。在人才载体维度，上海和北京在创新和绿色载体方面均具有显著优势，这可能与城市发展战略及产业结构有关；东部地区的人才载体得分位居第一，这可能与该地区的经济发展水平较高、科技资源集中、政策支持等多方面因素有关。

## 一、中国新质生产力人才指数（2023 年）分维度分析

本章将基于第一章构建的中国新质生产力人才指数指标评价体系，分别从人才资源、人才效能、人才环境和人才载体 4 个维度分析各城市的表现。

## 1. 人才资源

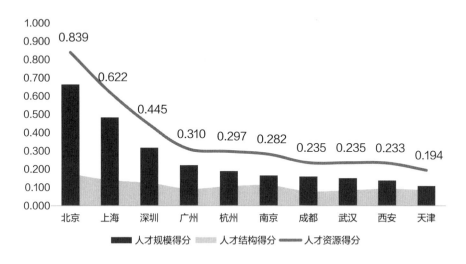

图 3-1　人才资源维度得分排名前十城市（2023 年）

由图 3-1 可以看到，2023 年人才资源维度得分排名前十的均为一线及新一线城市，人才资源维度得分前三名分别是北京、上海、深圳。东部城市上榜最多，中部城市其次，西部城市最少。从得分的绝对数值来看，北京、上海、深圳的人才资源总体得分相较于其他城市有较明显的优势。广州、杭州、南京、成都、武汉、西安、天津得分与北京、上海差距较大，但内部差异很小，仅在 0.1 左右。

人才资源的二级维度包括人才规模和人才结构。图 3-1 显示，各城市的人才规模指数和人才资源指数高度一致，说明人才规模维度的差异解释了大部分人才资源指数的差异。北京、上海、深圳的人才规模优势明显，而南京、成都、武汉、西安、天津的人才规模有待优化。然而，各城市人才结构的差异较小，北京、上海、深圳的人才结构指数略高，超一线城市的优势仍在。

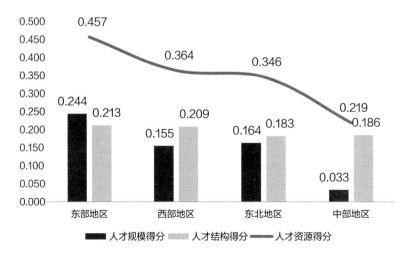

图 3-2 各地区人才资源维度得分（2023 年）

下面，我们分地区计算人才资源及其二级维度人才规模和人才结构指数。由图 3-2 可以看到，东部地区人才资源综合得分最高，保持着绝对优势；中部地区得分最低，与东部地区的差距显著，这反映了中部地区在人才资源方面存在一定短板，未来有较大提升空间。二级维度指数显示，东部地区的人才规模显著高于其他地区，但人才结构的优势没有那么明显。中部地区人才资源指数较低主要是人才规模得分远低于其他地区造成的。西部地区和东北地区的人才规模指数相近，但人才结构维度略高于东北地区。

## 2.　人才效能

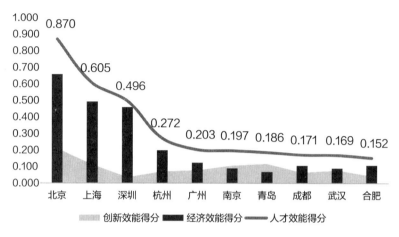

图 3-3　人才效能维度得分排名前十城市（2023 年）

由图 3-3 可以看到，2023 年全国人才效能指数排名前十的城市均为一线及新一线城市，且城市间的差距较大。北京的人才效能指数位列第一，远高于排名第二的上海，深圳凭借其较高的经济效能位列第三。从位列第四的杭州开始，人才效能指数出现急剧下跌，主要是由经济效能维度的断层驱动的。另外，杭州、广州、南京、青岛、成都、武汉、合肥的人才效能差距很小。

人才效能包含经济效能和创新效能两个二级维度。图 3-3 显示，经济效能维度的得分主要驱动了人才效能综合得分的差异。在经济效能维度，北京位居第一，与第二名的上海和第三名的深圳拉开较大差距。且位列前三的城市的经济效能得分远高于其他城市。在创新效能维度，各城市没有表现出与人才效能综合排名相一致的规律性变化。

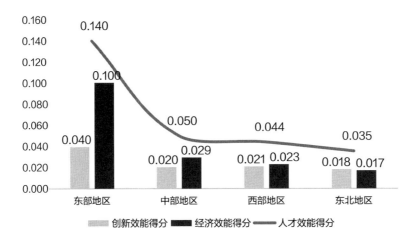

**图 3-4　各地区人才效能维度得分（2023 年）**

下面，我们分地区计算人才效能及其二级维度创新效能和经济效能指数。由图 3-4 可以看到，东部地区的人才效能依旧位居第一，并且远高于其他地区，这一差距是由经济效能方面的绝对优势驱动的。中部、西部、东北三个地区之间的人才效能差异不大。

在经济效能维度，东部地区位居第一，得分远高于其他地区，说明我国不同地区经济效能差距明显。中部、西部和东北地区经济效能的差异不大，排序与人才效能保持一致。在创新效能维度，东部地区仍位居第一，但相较于经济效能方面的优势，东部地区在创新效能方面的优势相对较弱。除东部地区外，其余三个地区的创新效能几乎没有差异。

### 3. 人才环境

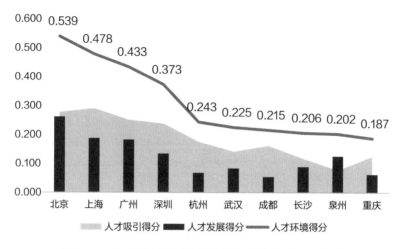

图 3-5　人才环境维度得分排名前十城市（2023 年）

由图 3-5 可以看到，2023 年北京、上海、广州、深圳等超一线城市的人才环境综合得分显著更高，其中北京得分最高。杭州、武汉、成都、长沙、泉州和重庆的人才环境位列全国前十强。人才环境维度表现较好的城市多数集中在一线城市。

人才环境包含人才吸引和人才发展两个二级维度。这两个二级维度在不同城市并未表现出较为规律的变化，在部分城市甚至呈现互补关系。从人才吸引维度看，上海的人才吸引指数超过北京，跃居全国第一，表明经济发展等宏观层面优势在吸引优秀人才方面可能发挥了重要作用。北京、上海、广州、深圳等超一线城市的人才吸引显著高于杭州、武汉、成都等城市。从人才发展维度看，北京仍旧排名第一。杭州、成都、重庆的人才发展指数相对较低。

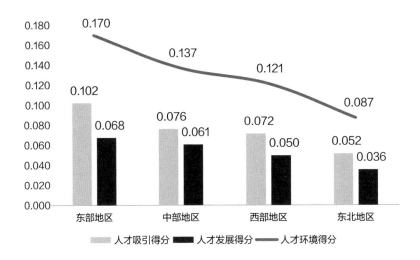

图 3-6  各地区人才环境维度得分（2023 年）

下面，我们分地区计算人才环境及其二级维度人才吸引和人才发展指数。由图 3-6 可以看到，东部地区的人才环境仍位居第一，显著高于中部、西部和东北地区。东北地区的人才环境指数最低。

从人才吸引维度看，东部地区凭借强大的经济实力和丰富的资源位居第一，中部地区与西部地区差距不大，分别位列第二和第三，东北地区显著低于西部地区。从人才发展维度看，东部地区仍然位居第一，但是与排名第二的中部地区差距不大，西部地区和东北地区分别位列第三和第四。整体上，中国各地区在人才环境方面还需持续加大投入，优化环境，以进一步激发人才的创新活力和发展潜能。

## 4. 人才载体

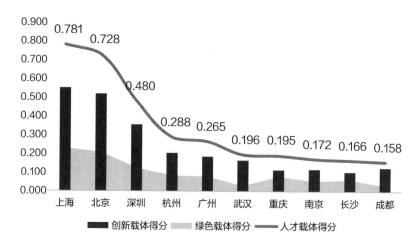

**图 3-7　人才载体维度得分排名前十城市（2023 年）**

由图 3-7 可以看到，2023 年人才载体综合得分位列全国前十的城市均为一线及新一线城市。其中上海位居第一，略高于北京。上海和北京的人才载体得分远高于位列第三的深圳，这一巨大差距的主要原因是上海和北京在创新载体维度的巨大优势。杭州、广州、武汉、重庆、南京、长沙、成都的人才载体维度得分依次位列第四至第十。

人才载体包含创新载体和绿色载体两个二级维度。在创新载体维度，各城市的得分排名与人才载体得分排名大体一致，上海位居第一，略高于北京。在绿色载体维度，上海和北京持续领跑，高于其他城市。值得注意的是人才载体综合得分位居第六的武汉在绿色载体得分上低于其他 9 个城市，表现欠佳，这可能与城市间不同的发展战略及产业结构有关。

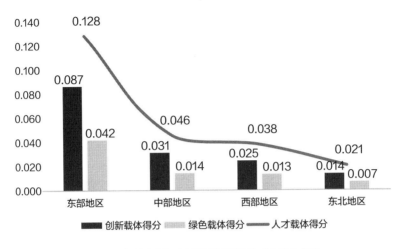

图 3-8 各地区人才载体维度得分（2023 年）

下面，我们分地区计算人才载体及其二级维度创新载体和绿色载体指数。由图 3-8 可以看到，东部地区的人才载体得分位居第一，且大幅领先于其他地区。中部地区、西部地区和东北地区分别位居第二、第三和第四，且地区差距并不明显。

东部地区与其他地区人才载体的差异主要是由创新载体差异引起的。在创新载体维度，不同地区的模式几乎与人才载体总体模式一致，东部地区遥遥领先，这可能与该地区的经济发展水平较高、科技资源集中、政策支持等多方面因素有关。中部地区的创新载体得分略高于西部地区，东北地区相对较低，这可能与东北地区在产业结构、经济发展速度以及人才流失等方面的问题有关。在绿色载体维度，东部地区仍位居第一，且远高于位居第二的中部地区。这可能与中部地区在经济发展过程中对环境保护的重视程度不够，以及绿色技术研发和应用相对滞后有关。

## 二、中国新质生产力人才指数（2022 年）分维度分析

### 1. 人才资源

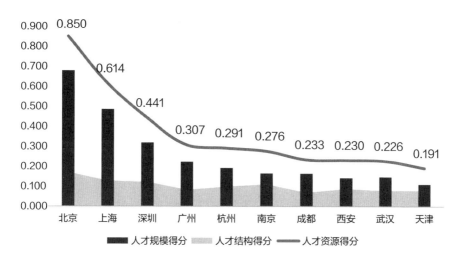

图 3-9　人才资源维度得分排名前十城市（2022 年）

由图 3-9 可以看到，2022 年人才资源维度得分排名前十的城市均为一线及新一线城市。从得分的绝对数值来看，北京、上海、深圳的人才资源得分相较于其他城市有较明显的优势，其得分均超过了 0.4。广州、杭州、南京、成都、西安、武汉、天津的人才资源得分虽然与北京、上海、深圳差距较大，但内部差异很小，仅在 0.1 左右。

人才资源的二级维度包括人才规模和人才结构。一方面，从人才规模来看，各城市的人才规模指数和人才资源指数高度一致，说明人才规模维度的差异解释了大部分人才资源指数的差异。另一方面，从人才结构来看，各城市间的得分差异并不明显，即使是得分最高的北京（0.171）也仅比得分最低的成都（0.070）高出约 0.1 分，说明各城市在人才结构方面

并没有出现太大的分化。

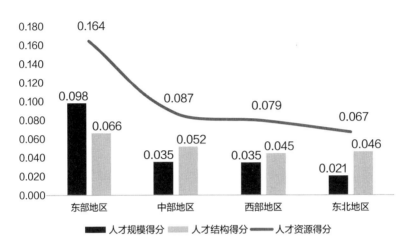

图 3-10　各地区人才资源维度得分（2022 年）

下面，我们分地区计算人才资源及其二级维度人才规模和人才结构指数。由图 3-10 可以看到，地区层面的人才资源得分相较于城市层面差异较小。东部地区、中部地区、西部地区、东北地区的人才资源得分依次递减，其中东部地区人才资源得分大幅高于其他地区，中部、西部和东北地区得分接近。二级维度指数显示，不同地区间的人才结构得分差异很小，这意味着，不同地区在优化人才结构、提升人才质量方面都需要付出持续的努力。此外，在人才规模方面，与城市层面类似，各地区的人才规模得分和人才资源得分排名高度一致，进一步说明人才规模维度的差异可以解释大部分人才资源维度的差异。

## 2. 人才效能

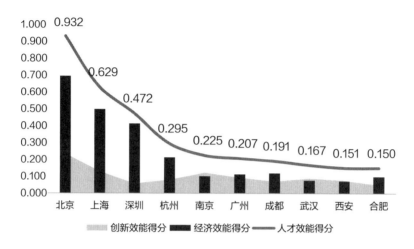

图 3-11 人才效能维度得分排名前十城市（2022 年）

由图 3-11 可以看到，2022 年人才效能得分较高的城市主要集中于一线及新一线城市，并且部分城市之间的差距较大。北京的人才效能指数位列第一，远高于排名第二的上海，深圳则凭借其较高的经济效能位列第三。杭州、南京、广州、成都、武汉、西安、合肥的人才效能指数分别位列第四至十名，但与前三名的差距较大。

人才效能包含创新效能和经济效能两个二级维度。图 3-11 显示，经济效能维度的得分主要解释了人才效能综合得分的差异。具体而言，北京得分位居第一，上海、深圳分别位列第二和第三。第四名的杭州及其后城市经济效能得分基本偏低，且没有表现出太大差距。此外，在创新效能维度，北京的得分依旧位居第一，上海和南京紧随其后，其余城市得分差距不大。值得注意的是，深圳在创新效能方面得分偏低，与其整体较高的人才效能得分存在反差，说明其需要进一步加大创新投入和力度。

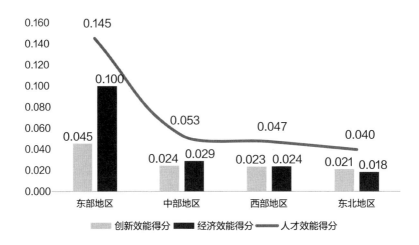

**图 3-12 各地区人才效能维度得分（2022 年）**

下面，我们分地区计算人才效能及其二级维度创新效能和经济效能指数。由图 3-12 可以看到，东部地区的人才效能得分以绝对优势稳居第一，其余三个地区得分普遍较低，且彼此之间差异不大。

进一步观察每个地区的创新效能与经济效能得分可以发现，东部地区与其他地区在人才效能得分上的巨大差异主要来源于其在经济效能上的绝对优势，创新效能方面的优势则没有那么显著。具体而言，在经济效能得分上，东部地区位居第一，远高于其他地区，其他三个地区之间差异不大，整体趋势与人才效能得分排名保持一致。在创新效能得分上，东部地区同样位居第一，但相较于经济效能方面的优势，东部地区在创新效能方面的优势相对较弱。除东部地区外，其余三个地区的创新效能得分几乎没有差异。

## 3. 人才环境

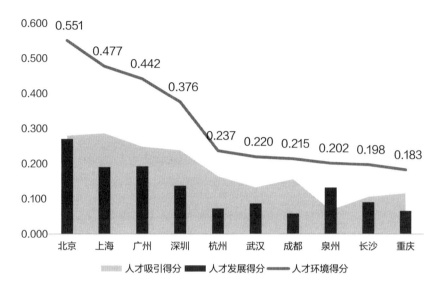

图 3-13 人才环境维度得分排名前十城市（2022 年）

由图 3-13 可以看到，2022 年北京、上海、广州、深圳等超一线城市的人才环境综合得分显著更高，其中北京得分最高。杭州、武汉、成都、泉州、长沙和重庆的人才环境位列全国前十强。

人才环境指数包含人才吸引和人才发展两个二级维度。从人才吸引的维度来看，部分城市人才吸引得分与人才环境得分排名并不一致，例如上海的人才吸引得分超过北京跃居第一，而长沙、重庆的人才吸引得分则超过了泉州。从人才发展的维度来看，北京仍旧排名第一。相对而言，杭州、成都、重庆的人才发展得分显著低于其他城市。

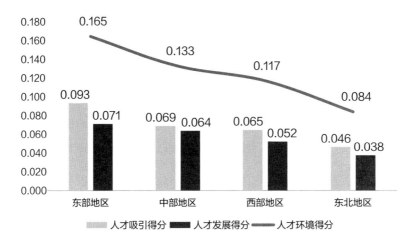

图 3-14 各地区人才环境维度得分（2022 年）

下面，我们分地区计算人才环境及其二级维度人才吸引和人才发展指数。由图 3-14 可以看到，地区层面的人才环境综合得分及人才吸引、人才发展得分呈现出规律性变化，城市层面不同维度得分的较大波动在地区层面并未表现出来。人才环境得分方面，东部地区仍然位居第一，中部、西部、东北地区与东部地区存在一定的差距。

从人才吸引的维度看，各地区得分差异与人才环境整体情况相似，东部地区位居第一，中部地区与西部地区差距不大，分别位列第二、第三，东北地区则表现欠佳。从人才发展的维度看，东部地区仍然位居第一，但与排名第二的中部地区差距不大，西部地区与东北地区则分别位列第三、第四名。

综合而言，人才环境得分、人才吸引得分与人才发展得分整体保持着一致，在人才环境维度整体表现优秀的地区往往伴随着人才吸引与人才发展两个方面的共同优势。因此，各地区在制定人才政策时需要综合考虑人才环境、人才吸引和人才发展等多个方面的因素。

### 4. 人才载体

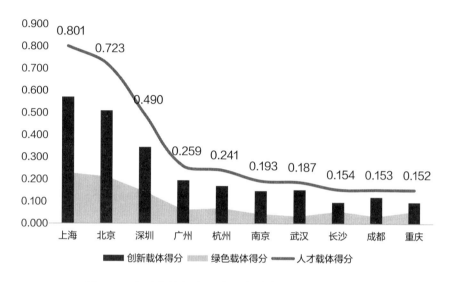

图 3-15　人才载体维度得分排名前十城市（2022 年）

由图 3-15 可以看到，2022 年人才载体综合得分位列全国前十的城市均为一线及新一线城市。其中上海位居第一，略高于北京。上海和北京的得分遥遥领先，远高于位列第三的深圳，广州、杭州、南京、武汉、长沙、成都、重庆的人才载体得分依次位列第四至第十，但与前三名差距较大。

人才载体包含创新载体和绿色载体两个二级维度。从创新载体维度来看，得分的排名与人才载体得分排名大体一致，上海、北京仍保持着一定优势。但需要注意的是，长沙的创新载体得分偏低，这反映出长沙在创新人才承载能力上还需进一步提高。各城市绿色载体得分相较于创新载体得分总体偏低，上海、北京持续领跑，深圳稳居第三，其他城市则差距不大。

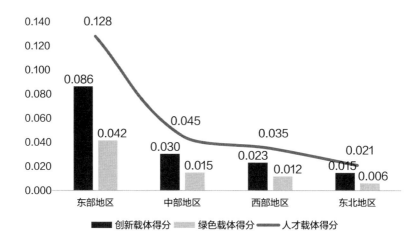

图 3-16　各地区人才载体维度得分（2022 年）

下面，我们分地区计算人才载体及其二级维度创新载体和绿色载体指数。由图 3-16 可以看到，汇总到地区层面后，人才载体得分及创新载体、绿色载体二级维度得分在不同地区间仍表现出差异性，且变化趋势基本与城市层面一致，东部地区依旧领先于其他地区。人才载体得分方面，东部地区断崖式领先，而中部、西部以及东北地区之间得分差异不大。

在创新载体维度，不同地区的模式与人才载体总体模式几乎一致。东部地区得分遥遥领先，这可能与该地区的经济发展水平较高、科技资源集中、政策支持等多方面因素有关。在绿色载体维度，东部地区得分同样领先，与第二名的中部地区拉开较大的差距，中部、西部和东北地区之间则差异不大。除此之外可以看到，各地区创新载体得分普遍高于绿色载体得分，说明实现人才绿色发展仍是各地区发展新质生产力的重中之重。

第 **4** 章

# 优秀城市案例分析

北京、上海、广州、深圳四个城市的新质生产力人才水平位居我国前列，人才政策具备前瞻性、精准性、创新性与开放性，在人才建设和人才发展的过程中都做到了因地制宜、因需而用、突出特色。另外，国家统计局指定的 70 个大中城市中并没有包含苏州市，所以数据分析部分没有体现苏州市的情况，考虑到苏州市的重要性，本报告单独对其进行案例分析。本章通过对上述五个优秀城市的人才建设现状进行案例分析，从人才资源、人才效能、人才环境和人才载体四个方面剖析了五个城市在人才建设方面的亮点，为其他城市新质生产力建设和人才发展提供了借鉴和参考。

## 一、北京：高精尖人才的聚集地

北京作为中国的首都，拥有丰富且高度密集的人才资源。近年来，北京不断推进人才政策的创新和实施，致力于构建高水平人才高地，以支持国际科技创新中心的建设、服务业扩大开放、数字经济发展以及京津冀协同发展等重点领域。北京聚集了大量高端科研机构、高等院校和高新技术企业，形成了强大的人才磁吸效应，特别是在新一代信息技术、医药健康、集成电路等战略性新兴产业领域，吸引了众多顶尖科研人才和创新团队。同时，北京的一系列人才政策提升了人才的职业发展空间，也激发了人才的创新活力，为北京建设高水平人才高地和推动高质量发展提供了有力支撑。本部分将从人才资源、人才效能、人才环境和人才载体 4 个方面分析北京人才建设现状、亮点及发展趋势。

## 1. 人才建设现状、亮点

### （1）人才建设现状

北京的新质生产力人才建设现状可从人才资源与人才效能两方面进行分析。总体来看，北京作为国家政治、文化、科教和国际交流中心，其人才资源呈现出集聚度高、结构优化、创新能力强、国际化水平高的特点，加之其政策环境良好，为城市的可持续发展提供了坚实的人才支撑。

①人才资源现状：总量大且密集程度高，专业技术人员占比大

北京的人才规模较为庞大，近年来，北京地区的人才资源总量已达到了796.8万人，十年内增长了36.7%；人才资源密集程度高，以70.4%的水平位居国内城市第一，且聚集了全国近一半的"两院"院士、近三分之一的"高被引"科学家，人才集聚效应十分显著。北京的人才受教育水平较高，从业人员中接受过高等教育的比例达到了60.2%，比2013年提高了19.4个百分点。

就北京的人才结构而言，专业技术人员占比最高，达到了454.7万人，占据全市人才的"半壁江山"，并且年均增长率为6.0%。在新质生产力形成的关键时期，北京市以技术人员为导向的人才储备结构为其贡献了重要力量。以人工智能行业为例，人工智能日益成为推动生产力整体跃升、产业优化升级与经济高质量发展的重要力量，北京市也在培养人工智能人才方面有着显著成就。《2022年北京人工智能产业发展白皮书》系统性展示了北京在构筑全球人工智能创新策源地和人工智能领军城市过程中的创新成果和实践经验。北京人工智能领域核心技术人才超4万人，占全国的60%。人工智能论文发表量居全国第一。在专利授权数量全球排名前100的机构中，北京总部机构有30家。此外，北京市亦为人工智能产业的发展与人才的培养提供良好的政策支持。

北京市现有的人才结构与时代发展的趋势高度契合，其在以人工智能为代表的高新技术产业中有着丰富高质量且多元化的人才储备与创新实践，不仅为自身的经济发展提供了强有力的支撑，也为全球人工智能产业与高新技术产业的发展贡献了中国智慧和中国方案。

②人才效能现状：高效全面的人才体系与合理的人才结构

一个地区的人才资源是人才构建的基础，但如何将这些资源转化为推动发展的动力，才是实现可持续发展的关键。因此，要全面评估北京市的人才资源现状，仍需科学衡量北京市的人才效能，其关键在于准确把握该市对人才资源的利用效率和配置效果。

总体来看，北京市充分利用现有人才，不断发挥人才潜力。北京地区的人才密度为70.4%，而贡献率达到57.3%，人才在北京市的经济社会发展中发挥了重要作用。此外，北京亦通过人才引进、人才技能提升以及建设创新平台等举措不断提升人才利用效率。

以海淀区的人才利用为例，《关于加快推进"十四五"北京国际科技创新中心核心区建设 深化央地人才一体化发展的若干措施》的发布为海淀区的建设指明了前行方向。在此政策的指导下，海淀区持续深化央地人才协同发展，拓宽央地合作领域，充分挖掘央地创新合作契合点。通过12条创新举措，推进人才智库建设、人才交流合作、人才联合培养、科技成果转化等多个方面，并将人才利用拓展至科技、教育、卫生、文化、农业等多个领域。

在深化央地人才交流合作方面，海淀区不断探索共建海淀校友创新平台；开展驻区高校院所、中央和国家机关与区属单位、民营企业、民主党派区级组织、统战社团和农村集体经济组织间的多种形式的交流合作，并在2021年聚焦"两区""三平台"建设面向驻区中央单位提供挂职锻炼岗位 53 个，选派 3 名干部赴中央单位挂职。

在创新央地人才联合培养方面，海淀区建立完善科技、教育、卫生、农业等多个领域的人才联合培养机制，为科学城建设培养了一批高素质专业化的各领域优秀人才。同时设立"海英之星"奖学金，三年内支持培养不少于 500 名优秀中学生、高校在校生和应届毕业生，深化青年人才联合培育。

海淀区亦形成了合理的人才结构，以专业技术人才为主要组成的人才队伍结构与海淀区的功能定位十分匹配。同时海淀区呈现出人才强区的特征，海淀区人才资源总量占北京市的四分之一，每万劳动力中研发人员数量是全市的 1.8 倍，创新动能强劲。综上可见，海淀区通过多种措施不断提升区内人才效能，这也正是北京市人才利用的典型缩影。

**（2）人才建设亮点**

一个城市的人才建设集中体现为人才环境与人才载体的建设。北京的人才环境建设与人才载体建设紧跟新质生产力的形成发展方向，不断优化创新绿色人才培养体系，形成良好的人才培养环境。

① 人才环境建设：创新驱动的人才政策与优越的创新创业生态

人才环境是培育和实现新质生产力的关键支撑。北京通过出台一系列有利于人才发展的政策措施，不断营造一个尊重人才、尊重创新的社会氛围，例如《北京市人才表彰体系》《北京市促进未来产业创新发展实施方案》《关于增设大数据职称评审专业的通告》以及《北京市引进毕业生管理办法》等。这些措施不仅为人才的个人成长和职业发展提供了有力支持，也为其优质生活创造条件。

以《北京经济技术开发区支持高精尖产业人才创新创业实施办法》（简称"人才十条"）为例，人才十条为新一代信息技术、高端汽车和新能源汽车、生物技术和大健康、机器人和智能制造四大主导产业和其他战略性新兴产业、高端服务业以及总部基地中的企业和各类人才的发展提供了政策支持与保障，此实施办法虽实施于 2020 年，但其蕴含的促进科技创新和高精尖产业发展的思想却与新质生产力的形成方向不谋而合。

人才十条从人才建设的多方面展开，整合了人才建设的多种办法：第一，设立人才专项奖励，从四个方面展开对人才的培养，激励人才进行科技创新。第二，设立项目专项扶持资金，为科技创新类企业与项目提供专项扶持资金，为科技创新与人才培养提供了资金支持。第三，搭建人才服务专项平台，为人才发展提供大数据平台的技术支持，专业中介服务以及法律维权的保障服务，减少了人才建设的制度障碍，并通过构建和谐的劳动关系规范人才的培养。第四，不断提升人才的生活水平与幸福指数，一方面，通过保障人才住房房源，分层分类满足人才住房需求，打造高质量的人才社区，实现人才的住房需求；另一方面，实施办法完善医疗服务、教育服务、交通出行与落户居留服务等与人才生活密切相连的需求。第五，人才十条通过构建经开区社会荣誉体系，再次提高人才投身经济与科技建设的主动性与积极性，增强人才的认同感与凝聚力。

北京经济技术开发区推出的人才十条与对新质生产力中科技建设的要求高度契合，这一政策的制定体现了对人才作为创新驱动核心资源的深刻认识。通过提供具有竞争力的激励机制、良好的科研环境和充足的发展空间，人才十条为吸引和留住高技能人才，尤其是科技领域的领军人物和创新团队，起到了极大的促进作用，这些措施全方位地解决了人才在工作、生活中的实际需求。

此外，人才十条强调对知识产权的保护和对创新成果转化的支持，鼓励企业和研究机构加大研发投入，加速科技成果的商业化进程。这不仅有助于提升区域的科技创新能力，还促进了产业结构的优化升级，为经济技术开发区注入了持续的发展动力，也进一步激发了人才的创新潜力，推动经济技术开发区成为科技创新和高新技术产业发展的高地。

②人才载体建设：创新人才载体建设，优化人才发展环境

人才载体建设是人才体系建设中的关键环节，它不仅是人才聚集的高地，更是推动产业转型和城市发展的新引擎，例如高新技术园区、科技企业孵化器、大学科技园等。人才载体通过提供一流的研发设施、创新的孵化机制和团结的工作环境，吸引着来自世界各地的优秀人才。此外，人才载体在提供专业服务、优化生活环境方面也发挥着重要作用。通过打造适宜的居住条件、教育资源、医疗设施等，人才载体能够满足人才多元化的生活需求，增强其归属感和满意度，从而形成良好的人才生态，使人才引得进、留得住、用得好。

北京市通过建设一批高水平的人才载体，如中关村国家自主创新示范区和多个大学科技园，打造了集科研、教育、产业于一体的创新生态系统。这些人才载体不仅为高端人才提供了优越的科研环境和创新平台，而且通过产学研用的深度融合，推动了首都经济的高质量发展和产业结构的优化升级。

以北京亦庄的人才载体建设为例，北京亦庄在建设创新绿色的人才载体方面采取了一系列具体措施。首先，亦庄建设了人工智能公共算力平台，为人工智能人才的培养提供了良好的平台，也为人工智能企业提供公共普惠的算力、创新领先的算网服务，以及细致完善的解决方案，助推大模型训练和行业应用。平台与行业的双重载体建设为人才的长远发展保驾护航。

其次，亦庄全面布局六大未来产业，为人才的培养与新质生产力的发

展提供了广阔的空间和丰富的资源。在商业航天领域，亦庄聚集了50余家商业航天企业，民营火箭整箭研制企业数量占全国70%以上；在未来健康领域，亦庄加快培育基因技术龙头企业，进一步保持领先优势；同时重点布局近50个空间载体，加快出台合成生物、类人机器人等其他细分领域政策，全面承接未来产业项目落地。亦庄的多项措施不仅引领着新质生产力的建设，也为人才载体建设提供了产业平台和创新环境。

此外，亦庄通过出台一系列扶持企业的专项政策，如"专精特新""国高新十条"等，为人才载体建设提供了政策保障和资金支持。这些政策的实施，不仅减轻了企业的负担，激发了企业的创新活力，也为人才提供了良好的发展环境和广阔的职业发展空间。通过这些政策的叠加效应，亦庄不断增强对高精尖产业的支持力度，为人才载体建设提供了持续的动力。

再次，北京亦庄还推进了教育、科技、人才一体发展的战略，通过打造高水平产教融合实训基地并争创全国产教融合试点城市，加强了产业人才队伍建设。同时加快百万平方米国际人才社区的建设，提供优质的教育医疗服务和城市软硬件设施，营造了吸引人才的"强磁场"。

最后，亦庄首创了"亦企服务港"模式，出台了《惠企政策全生命周期管理办法》，为企业提供"一站式"专业服务，简化企业的办事流程，实现"小事不出厂、大事不出港"。这一系列惠企政策优化了营商环境，提高了企业的政策获得感和满意度，也为人才载体建设提供了高效的服务保障和政策支持。

亦庄通过搭建符合创新绿色发展理念的平台、优化产业布局、提供惠企服务，以及建立高水平的产教融合基地等措施，成功构建了服务于创新绿色人才的载体。这些综合措施不仅为人才提供了优越的发展环境，也为地区的经济转型和可持续发展注入了新动力。

## 2. 人才建设发展趋势：聚焦基础研究和科技创新，加强青年和外籍人才引培

在新的条件下，北京以基础研究投入、科技创新成果、青年人才引培以及外籍人才的建设为发展重点，并以新质生产力的建设要求为发展方向，形成了新的人才建设发展趋势与导向。

为增加科技创新成果产出，打造科技人才，北京统筹布局了一批"从0到1"的基础研究和关键核心技术攻关，从科学研究、科技创新一线挖掘培养具有战略科学家潜质的高层次复合型人才，建设战略科学家成长梯队。同时建立关键核心技术攻关人才特殊调配机制，发挥北京国家级人力资源服务产业园的作用，建设国际化高端人力资源市场。

为改善青年人才的引培现状，北京充分发挥户籍和积分落户政策的激励引导作用，优化应届毕业生、海外留学生直接落户等人才落户政策，强化对青年人才的吸引力。同时建议北京市自然科学基金和社会科学基金项目申请采用随机双向盲审制度，根除"唯帽子"现象，根除论资排辈现象，为优秀青年人才在科学研究上快速成长扫清障碍。

为推进北京人才的国际化建设，构建具有全球竞争力的人才制度体系，北京不断创新海外科技人才引进模式，形成"短期交流—长期合作—长驻研究"的国际人才"链式"引进模式；支持中关村建设国际人才发展引领区，建立"三城一区"外国人才永久居住推荐"直通车"制度；同时提升海外人才引进政策的开放度，进一步优化外籍人才在京工作许可制度，优化移民与出入境政策措施；并深化国际人才交流合作，实施国际联合研究项目，引进国际组织、国际知名科研机构、跨国企业研发中心等。

### 3. 总结

北京的新质生产力人才水平位居我国前列，汇聚了大量科技精英和创新型绿色人才资源。通过高效的人才利用策略，北京充分释放了人才的创新潜能，显著提升了人才效能。同时，北京不断革新人才政策，优化人才发展环境，其打造的科技创新平台和持续推进的绿色人才政策与新质生产力的发展趋势高度一致，为北京的新质生产力人才培育提供了优越的人才载体。

## 二、上海：勇立潮头的创新人才高地

人才优势是上海最大的优势。作为具备世界影响力的现代化国际都市和深度链接全球的核心枢纽之一，上海着重从人才资源、人才效能、人才环境以及人才载体四方面展现其人才政策的前瞻性、精准性、创新性与开放性，并不断以更深层次、更广范围、更大力度创新人才引进机制、深化人才管理改革、优化创新创业环境、强化人才扶持体系、完善生活保障措施及构建特色产业人才载体，为提升城市核心竞争力和能级，建设"五个中心"、卓越的全球城市奠定重要战略基础。

### 1. 上海人才体系建设亮点

#### （1）人才资源与人才效能

① 人才选拔方面，着力吸引外部优质人才，优化人才资源

针对人才选拔和配置，上海发布了《关于开展 2024 年度上海市人力资源服务"伯乐"奖励计划申报工作的通知》。首先，政策尊重市场在人力资源配置中的基础性作用，通过具体奖励措施强化政策导向力量，充

分实现市场机制与政策激励创新融合，激发了人力资源服务机构的积极性和主动性，鼓励其深入挖掘和推荐优质人才，确保人才引进效率。其次，作为分层次、高标准的选拔策略，政策设计中对奖励对象进行严格界定，并依据人才层次与贡献设定差异化标准，在凸显对国内外领军人才高度重视的基础上，更关注对产业发展具有关键作用的人才资源。"伯乐"奖励计划一方面从分层奖励和选拔角度保证对顶尖人才的持续吸引力，拓宽人才引进的广度、深度，实现对不同层次人才的全面覆盖与精准支持，另一方面对人才年薪、合同年限等具体条件进行设定，确保引进人才的稳定性和长期贡献潜力。最后，精准对接产业发展需求，紧密贴合于上海市的产业发展蓝图，聚焦于"3+6"重点产业、四大新赛道和五大未来产业领域。"伯乐计划"通过精准对接产业需求，在引导人才资源向战略性新兴产业集中，加速人才与产业的深度融合的同时，促进产业链与人才链的双向互动，为构建具有国际竞争力的现代产业体系提供了人才资源保障。

②人才管理方面，大力推进人才管理改革，提升人才效能

第一，以中国（上海）自由贸易试验区、张江国家自主创新示范区为改革平台，发挥"双自联动"优势，建设国际人才试验区。一方面，推进张江综合性国家科学中心人才体制机制创新，在高层次人才引进、科研人员激励、科研机构评价、科研管理改革等重点难点领域先行先试，推动重大前沿领域跨学科交叉融合、多主体协同创新，进一步发挥人才效能。另一方面，深入推进中国（上海）自由贸易试验区海外人才离岸创新创业基地建设，为身处国外的海外人才打开报国之门，为进一步发挥国外优秀人才效能构筑便捷之桥。第二，上海出台《关于我市分类推进人才评价机制改革的实施方案》，有关部门分别针对市属高校教师，以及临床、医学科

研、应用开发、成果转化、基础研究领域专业人员提出分类评价办法，突出能力、实绩、贡献，克服唯学历、唯论文等倾向，加快建立接轨国际规则、体现上海特色的人才评价标准体系。除此之外，上海市大力调整科研经费的劳务费比例和标准，按行业分类调控事业单位绩效工资总量，积极开展市管国有企业职业经理人薪酬制度改革试点，探索建立项目团队跟投机制。

**（2）人才环境**

① 创新创业——创业激励与补助、人才融资、科技成果转化

第一，创业激励与补助措施丰富。上海创业扶持政策体系以降低创业门槛、缓解初期经济压力为核心目标，实施《上海市关于实施重点群体创业推进行动工作方案》等多项惠及创业者的关键措施。上海为初创企业提供社会保险补贴，有效减轻企业运营成本；同时，实施创业场地房租补贴政策，推出首次创业一次性补贴，针对性鼓励高校毕业生及就业困难群体投身创业实践，进一步激活社会创业动能。此外，上海通过创业竞赛等形式对卓越创业项目予以资金奖励，进一步激发市场活力与创新潜力。

第二，优化人才融资环境。上海通过积极开发"3+X"科技信贷产品，不断加大投贷联动融资服务，设立政策性融资担保基金及科技创新板，引导创业投资和天使投资行业发展，完善创业投资风险补偿机制，推动科技保险发展等，不断完善创新创业人才融资环境，提升融资便利程度。此外，上海还积极开展知识产权融资服务，探索专利保险试点工作，组建上海产业知识产权运营创业投资中心，设立上海产业知识产权运营基金及上海知识产权交易中心，促进知识产权运营转化。

第三，促进科技成果转化。上海市连续多年发布"科技创新行动计划"，从规划部署上大力支持高校和科研机构在关键技术领域研究与创

新。《上海市促进科技成果转化条例》明确指出将科技成果的使用权、处置权、收益权下放科研团队，科技成果转化后净收入的 70% 以上可用于奖励个人和团队，为鼓励高校、科研机构与产业界的紧密合作，加速科研成果的市场化进程，促进科技成果从学术研究向产业应用的转化提供了坚实的政策支撑。

② 人才扶持——人才关怀、人才培养

第一，多维度人才关怀政策。《鼓励留学人员来上海工作和创业的若干规定》兼顾留学归国人员家庭生活的需要，提供了居住便利化服务和优质教育资源接入，确保留学归国人员全身心投身上海的创新发展事业，彰显对人才的全面关怀与支持。同时，《上海市引进人才申办本市常住户口办法》通过设定明确的资格标准和简化高效的户籍办理流程，为符合上海城市发展需求的高端人才开辟了户籍准入的绿色通道，有效降低了人才流动和人才扶持的制度性障碍，增强了上海对国内外顶尖人才的吸引力和凝聚力。

第二，全方位人才培养政策。在学科建设方面，《上海市高等教育发展"十四五"规划》明确提出加强学科专业建设，优化学科专业结构，重点发展与上海经济社会发展紧密相关的学科领域。强调推进产教融合，鼓励高校与企业合作，共建实训基地，提升学生的实践能力和创新能力。在阶段培养方面，根据人才成长阶段和创新领域特点，上海市出台一系列科技创新人才培养计划，在创新领域形成"扬帆计划""启明星计划""浦江计划"等分阶段、体系化的科技人才培养体系，使优秀青年人才能够脱颖而出。在紧缺急需人才培养方面，上海市出台《上海市强化重点领域人才精准供给 动态调整高等学校招生结构规模实施方案》，聚焦人工智能、集成电路、生物医药等战略性新兴产业，制订了一系列精细的专项人才培养计划，并致力构建产学研深度融合的培养模式，鼓励校企合作，加速人才从教育体系向产业一线的输送。

③ 生活保障——人才住房、医疗问题

紧密结合需求，分类分层保障。在完善安居环境方面，上海大力推进人才公寓项目，支持重点园区通过整体配套建设、闲置用房归集改造和园区企业自建等方式筹集人才公寓。另外，为缓解人才住房经济压力，上海根据市级人才租房补贴管理办法，启动市级人才租房补贴申报工作，完成首批 2341 人市级人才租房补贴申请审核工作，结合公积金贷款等多项具体优惠政策形成了租、售、补相结合的综合保障体系。同时，上海通过人才住房积分制度、个性化人才租房、购房货币化补贴政策等具体措施，根据不同类型人才的贡献度、紧缺程度及实际需求，提供差异化的住房解决方案。在完善医疗环境方面，通过部分公立医院和外资医疗机构与保险公司签订合作协议，提供国际医疗保险结算服务，对外商投资企业、外国人等实行国民待遇原则，统一境内外患者医疗服务收费标准，优化人才医疗保障和服务。

**（3）人才载体——以生物医药产业为例**

生物医药产业是上海战略性新兴产业的重要支柱，是上海加快构建现代化经济体系、巩固提升实体经济能级的重要抓手。生物医药产业发展对促进上海产业结构优化升级、培育发展新动能具有重要意义。经过多年发展，上海生物医药创新能力进一步增强，产业生态不断优化，龙头和骨干企业成长壮大，逐步形成了创新要素富集、国际化程度高的生物医药产业体系。目前，上海市生物医药产业企业链条齐备，综合配套优势明显，有潜力、有能力成为提升上海城市产业能级和核心竞争力的重要力量。

① 人才发展现状

近年来，上海市生物医药产业的劳动力队伍规模已达 27.8 万人，性别分布均衡，男性从业者 13.7 万，女性则为 14.1 万。浦东新区作为行业聚集地，汇聚了大量生物医药企业，其区域内的从业人员占全市同行业总人数的 45.9%。同时，在医药研发领域中，有 61.9% 的从业人员来自外省市，展现了该产业较强的职业吸引力。在行业细分上，产业链、各专业人才分布齐全，从规模上看，制造业和服务业从业人员最多；从各职类分布情况来看，生产制造序列人才占比较多；高层管理和研发人才总占比超过 25%。此外，该产业的劳动力结构呈现高学历、年轻化及国际化的特点。产业中拥有大专及以上学历的员工占比 63.8%，其中硕士研究生及以上学历者超过 4 万人，进一步凸显该行业对高技能人才的强大吸引力。

② 产业发展现状

上海市生物医药产业发展迅速，创新研发活跃。2023 年产业规模超过 9337 亿元，同比增长 4.9%，新药国际竞争力不断提升。2023 年度，全国共有 96 个新药获批上市，上海获批上市 12 个，占本年度获批上市数的 12.5%，位列全国第 2 位。在这一年度全国获批上市的新药中，一类新药共 43 个，占总获批上市数量的 2.7%，其中上海共有 4 个一类新药获批上市，占全国各省市一类新药获批上市数量的 9.3%，位列全国第 3 位。在产业链建设中，浦东新区、闵行区产业链布局最为完善，累计上市生物医药企业 38 家，其中"1+5+X"重点产业园区聚集了本市 80% 的规模以上生物医药企业。在科技成果方面，上海市在合成生物学、干细胞与再生医学等多个领域取得重大突破，建有 17 个国家级重点实验室。2022 年，上海共获批 1 类创新药临床批件 178 件，展现其在生物医药领域的卓越研究成果。

③ 人才政策

《上海市生物医药产业发展"十四五"规划》为上海市生物医药产业的发展明确方向。规划提出，至 2025 年，上海生物医药产业将实现发展能级的显著跃升，初步建设成为世界级生物医药产业集群的核心承载区。为达成这一战略目标，上海市着力推动创新链、产业链、资金链、人才链及空间链的深度整合与互动，形成高度协同的行业发展格局。在此框架内，上海市尤为重视生物医药产业人才的国家战略价值，聚焦生物医药领域作为关键人才发展平台，从质与量两方面加强人才队伍建设，以实现生物医药行业战略科学家与科技领军人才的进一步集聚。为此，上海市颁布了一系列综合性政策，其中以松江区启动的"支持生物医药行业发展十大人才专项行动"最具代表性，集中展现了上海市在生物医药行业中的政策亮点。具体来看：

第一，实现精准对接与定制化服务。通过"访企荐才精准对接"专项调研，建立重点生物医药企业信息库，动态收集掌握发布行业企业用工求才信息，运用大数据技术提高供需适配度，实现靶向引才、精准就业，实现人才供给与需求的精准匹配。同时，倡导"产业集群零距离服务"，优化人才服务站点布局，为行业高层次人才提供"医食住行"全领域保障，极大提升人才的归属感和满意度。

第二，构建行业多层次人才培养与晋升体系。松江区与上海医药集团合作，设立职称评审工作站，探索并逐步实现长三角 G60 科创走廊生物医药专业职称评审互认互准。同时，持续开展生物医药行业"两高人才"职称评审直通车和绿色通道，构建了从基础技能到专业领域的全方位人才培养路径，有助于形成可持续的行业人才供应链。

第三，提供青年人才与大学生就业支持。重视生物医药行业青年人才的培育和就业，鼓励生物医药产业企业通过设立见习基地、提供实操机会以及给予录用补贴等措施，在解决青年人才实践经验积累问题的同时，又为企业吸纳新鲜血液提供了实际激励，形成了良好的行业人才循环生态。

第四，激活国内外高端行业资源。松江区聚焦生物医药产业技能人才需求，设立国际化标准的专家工作指导站和常态化的海外人才工作站，有效引入国内外高层次人才和智力资源，促进产学研用的深度融合，为生物医药产业升级和科技创新提供强大动力。同时，松江区持续优化G60科创走廊等区域性人才政策，促进区域间的人才流动与共享，并通过"海聚英才"系列活动加大对海归留创人才的吸引和支持，结合创业园建设等扶持措施，打造国际化的生物医药创新创业平台，不断拓宽人才引进的渠道和视野。

## 2. 上海人才政策发展趋势

### （1）创新引领，深化机制改革

上海市将持续深化人才管理改革，创新人才选拔与激励机制。未来将加入更多市场化的评价指标，不断优化现有的人才引进计划，以适应快速变化的全球人才竞争格局。在人才管理方面，上海将继续推进"双自联动"优势，探索更多元化的人才引进和使用模式；在国际人才试验区和海外人才离岸创新创业基地建设上，将进一步放宽限制，增强国际人才的吸引力和流动性。

### （2）精准对接，强化产业联动

随着"3+6"重点产业、四大新赛道和五大未来产业的深入布局，上海更注重人才政策与产业发展需求的精准对接，构建以产业为导向的人才发展体系，促进人才链与产业链、创新链的深度融合。上海聚焦于生物医药、集成电路、人工智能等核心领域，通过更加精准的人才培养计划、国际合作交流项目和科研成果转化激励机制，形成人才引领产业、产业集聚人才的良性循环。

### （3）环境优化，打造宜居宜业生态

上海将继续优化人才的生活保障措施，在住房、医疗、子女教育等方面提供更细致和个性化的服务。随着人才住房积分制度的完善，未来可能存在更多差异化的住房解决方案与更完善的医疗保障体系，为人才解决后顾之忧。同时，上海持续打造国际化社区、优化公共服务体系，进一步提升城市生活品质，形成全球人才向往的宜居宜业环境。

### （4）国际视野，构建开放合作平台

面对全球化挑战与机遇，上海将秉持开放包容的态度，加强国际人才合作与交流，推动人才政策与国际规则接轨。通过深化与国际知名高校、研究机构及企业的合作，提升人才国际化水平，同时，上海优化国际人才引进和服务政策，简化外籍人才工作和居留手续，打造更具吸引力的国际人才高地。

### （5）战略导向，聚焦长远发展

着眼长远，上海的人才政策将更加注重战略导向，与国家及城市发展战略紧密衔接，在应对人口老龄化、数字化转型、绿色低碳发展等挑战时，提前布局，培养和引进相关领域的专业人才，为城市的可持续发展奠定坚实的人才基础。

### 3. 总结

上海从人才资源、人才效能、人才环境以及人才载体四方面集中展现

其人才政策的前瞻性、精准性、创新性与开放性，并不断以更深层次、更广范围、更大力度创新人才引进机制、深化人才管理改革、优化创新创业环境、强化人才扶持体系、完善生活保障措施及构建特色产业人才载体。全市各类优秀人才服务于上海重点领域、重点产业，推进科技自主创新发展，一支规模较大、门类齐全、整体实力不断增强的人才队伍已初步形成。面向未来，上海市仍将从机制改革、产业联动、国际视野等方面着力完善人才政策，为提升城市核心竞争力和能级，建设"五个中心"、卓越的全球城市和具有世界影响力的社会主义现代化国际大都市提供进一步的人才保证和智力支撑。

## 三、广州：依托国际人才资源，构建全链条职业技能发展环境

广州经济总量位居全国城市前列，是中国经济发展的重要驱动力之一。作为改革开放的先驱者，国际商贸中心和创新城市，广州拥有广阔的市场空间和巨大的发展潜力。地处粤港澳大湾区的核心区域，其连接内地与全球市场的桥梁作用使得广州成为国际资本和技术的重要聚集地。广州独特的地理区位和政策优势，不仅为广州带来了前所未有的发展机遇，也对广州的人才引进和培养提出了更高的要求。本部分将从广州独特的人才资源优势和人才环境优势分析广州人才政策的亮点与未来发展趋势。

### 1. 广州人才体系建设亮点

#### （1）人才资源：外籍人才和港澳台人才储备充足

广州，作为粤港澳大湾区的核心城市，凭借其独特的地理优势、经济

活力和创新政策，成为吸引外籍人才和港澳台人才的理想目的地，通过一系列优惠政策和便利措施，打造了丰富的人才资源库。2020年以前，在广州居住的外国人数量达到了8.6万人，占全国总量的近12%，显示了其强大的国际吸引力。此外，广州市还通过国际品牌项目和顶尖高校合作办校，为他们展示才能和职业发展提供了广阔平台和充足保障。这些综合措施使得广州市在全球人才竞争中脱颖而出，形成了独特的人才资源优势，为城市的高质量发展注入了持续动力。

引才制度为人才来穗提供便利。广州市在引才制度上不断创新，推出了一系列便利措施，极大地简化了外籍人才和港澳台人才的来穗手续。一般而言，外籍人士来华需要经过入境、居留、入籍等阶段，而广州市独特的人才绿卡制度起到了良好的吸引、过渡、帮助作用。人才绿卡申请免纸质验核、邮寄取证、全程零跑动，工作类居留许可办理时限压缩至三天，申领人才绿卡后可享受在本市购房购车、子女就近入学、参加社会保险等15项便利性措施。此外，港澳台人才的引进也得到了广泛关注和支持，通过一系列政策优惠和生活便利措施，广州市成功吸引了大量港澳台专业人才，为城市的发展注入了新活力。

品牌项目为人才展能提供载体。广州市通过打造一系列国际品牌项目，为人才提供了展示才能的广阔平台。以中新广州知识城为例，其已迅速发展为广东一个充满活力的创新枢纽，也是新加坡企业进入粤港澳大湾区的重要平台，吸引了大批国际高端人才和企业入驻。中新国际联合研究院依托新加坡南洋理工大学和华南理工大学优势学科资源和人才资源，成功打造人工智能、生命健康、新能源、新材料、绿色建筑与智慧城市、污染控制与环境修复六大领域创新平台，成立以来累计引进产业化项目77项，其中中新合作项目45项；累计申请专利152件，集聚海内外高层次创新人才 364 名。中新智慧园已成功入驻 60 余家高精尖企业及项目，包括新加坡能源集团、星展银行、恩士迅、新加坡南洋理工大学、新加坡国立大学等"国家队"力量，以及莱恩生物、新果科技、费雪派克等国际顶尖企业。截至 2023 年 4 月，知识城吸引了近 90 家新资企业，注册资本超 180 亿元，集聚外资企业 300 多家，实际利用外资累计 84.2 亿美元，合同外资累计 152.84 亿美元。这些数据不仅展示了知识城的经济实力，更反映了其在吸引国际人才和推动技术创新方面的突出成就。品牌项目的成功实施，为外籍人才和港澳台人才提供了广阔的发展空间和展示平台，进一步巩固了广州市在国际人才市场的竞争力。

合作办校为人才培养赋能。广州市通过与国际顶尖高校合作，打造了高水平的人才培养体系，为外籍人才和港澳台人才的培养提供了强有力的支持。香港科技大学（广州）的成立便是其中的典范。该校获批成立两年来，与香港科技大学在"港科大一体，双校互补"的框架下开展合作，在学术规范、师资水平、课程质量等方面保持一致，教师紧密合作，实验室及科研设施共享，学生可互享课程资源、参与跨校园学习计划和多种交流活动，真正实现了资源共享、优势互补，推动了两地人才的交流和培养。两年来，已有近 1300 名学生到访对方校园，参与为期最长一个学期的交流，涵盖实习、文化交流、业界考察及比赛等交流活动，另有逾 250 名同学参与线上课程，并推出"红鸟跨校园学习计划"，进一步加强两校学生在学术、科研及社会活动方面的互动交流，通过科目共享和学分互换互认等机制，实现资源共享、优势互补。这不仅提升了学生的学术水平和科研能力，也为两地的人才培养提供了坚实保障。通过合作办校，广州市有效整合了国际优质教育资源，培养了一批批高素质的国际化人才。

综上所述，广州通过创新的引才制度、品牌项目和合作办校机制，成功打造了一个充满活力和吸引力的人才高地。这些举措不仅为外籍人才和港澳台人才来穗提供了便利，也为他们的展能和发展提供了广阔的平台和丰富的资源。广州凭借其独特的人才政策优势，吸引高质量人才资源，不断提升其在国际人才市场的竞争力，为城市的高质量发展提供坚实的人才保障。

**（2）人才环境：职业技能人才链条全贯通**

广州作为中国南方的经济中心和粤港澳大湾区的核心城市，致力于构建全方位、系统化的职业技能人才培养体系。通过重视职业人才培养、完善职业认定机制、精准对接产业需求和提升职业技能人才价值感，广州市在职业技能人才链条贯通方面展现出独特的优势，为区域经济发展提供了良好的人才环境。

重培养，打通培养链条。广州高度重视职业技能人才的培养，打通符合职业教育办学规律和技能人才成长规律的职业技能人才培养链条。通过中高职贯通、专本协同培养、自主招生、现代学徒制等，为有意愿、够条件的学生提供多种升学发展路径，促进普通教育和职业教育横向融通。广州现有"双高计划"建设高校9所，位居全国第二，其中2所"双高计划"建设单位在2023年省高等职业教育"创新强校工程"考核中分列第二、四名。广州番禺职业技术学院入选"全国服务贡献50强""国际影响力50强""育人成效50强""教学管理50强"；广州市交通运输职业学校入选"全国职业院校教学管理50强"。中职学生可选择"三二分段"等贯通培养途径，5年内取得大专文凭；也可通过"3+证书"考试或普通高考升入高一级学校。职业本科的设立更打破了职业教育的"天花板"，标志着我国"中职—专科高职—本科高职"纵向贯通的职业教育体系已经确立，毕业生在考公、考编等方面和普通本科毕业生享受同等待遇。这些举措不仅提升了职业教育的整体水平，也为制造业等实体经济领域培养了大量高层次技术技能人才。

能认定，打通职业链条。广州的中职学校建立了"校赛—市赛—省赛—国赛"四级技能竞赛培育体系，确保学生在校期间参赛率达到100%；支持教师将技能竞赛与专业建设、教学改革相结合，开展课题研究，推动"岗赛课证"融通，推动职业学校形成专业全覆盖、师生全参与的竞赛格局，充分发挥技能竞赛引领作用，切实提升技能人才培养质量。广州的中职学生获 2023 年全国职业院校技能大赛一等奖 5 个、二等奖 11 个、三等奖 8 个。在 2024 年中华人民共和国第二届职业技能大赛上，广州共派出 68 名选手参加 55 个项目的比赛，其中有 10 名选手代表中国机械工业联合会、交通运输部等行业部门参赛，共获得 13 金 4 银 7 铜和 26 个优胜奖的优异成绩，金牌数占全国 12%、占全省 56.5%，金牌数高居全国副省级城市第一。这些成绩不仅展示了广州职业技能人才的培养质量，也为职业技能人才的职业认定提供了有力保障。

有前途，打通产业链条。广州职业技能人才培养紧密对接产业需求，确保人才培养与产业发展同步。广州的中职学校开设包括电子信息、装备制造和交通运输等在内的 17 个专业大类下的专业 137 个，基本对接广州 21 条重点产业链，其中对接万亿级产业链的专业占比为 70.15%，对接制造业的专业占比达到 45.3%，主要布点在电子信息、装备制造和交通运输专业大类，较好适应了广州产业布局对技能人才的需求。建有省高水平专业群 20 个、省"双精准"示范专业 43 个，以此为抓手，持续培育优质专业。2022 学年，广州中职学校毕业生数 32189 人，就业率（含升学率）为 96.48%，用人单位满意度超过 98%。这些数据充分说明了广州职业技能人才培养的高质量和广阔前景。

真认可，打通价值链条。广州市政府高度重视职业技能人才的价值认同和激励，通过政府表彰和奖励制度，广州对在各类技能大赛中获奖的选手和作出突出贡献的单位及个人进行通报表扬和奖励。例如，广州市政府2024年在官网上发布《广州市人民政府关于表扬中华人民共和国第二届职业技能大赛我市获奖选手和为参赛工作作出突出贡献的单位及个人的通报》，对职业技能人才和相关单位予以通报表扬和奖励；对世界技能大赛特别赛移动应用开发项目金牌获得者杨书明同志予以通报表扬，奖励人民币50万元（税前，下同），对该项目技术指导专家组给予同等奖励。此外，广州在落户政策、人才绿卡等方面对高层次技能人才给予倾斜，极大地吸引了技能人才。通过一系列激励措施，广州不仅提升了技能人才的社会地位和经济待遇，也增强了技能人才的归属感和认同感。

综上所述，广州通过重视人才培养、完善职业认定机制、对接产业需求和提升人才价值，构建了全链条贯通的职业技能人才体系。这一系统化的人才培养体系不仅为广州市的经济发展提供了良好的人才环境，也为全国人才环境的营造提供了宝贵的经验和示范。

## 2. 未来发展方向

广州在促进产业和人才均衡发展的过程中，应注重以下几个方面，以提升整体竞争力和吸引力。

行业发展在重点突出的同时，应重视均衡发展，促进现代服务业和新兴产业的发展，提供更好的人才载体。尽管广州在传统产业领域有较强的基础，但在现代服务业和新兴产业领域尚未形成突破。广州仅有中国南方电网、广汽集团等几家世界500强企业，数量较少且缺乏新兴产业的龙头企业。为了吸引和留住高层次人才，广州需进一步推动现代服务业和新兴产业的发展，特别是在服务业等领域培育具有影响力和规模的品牌或企业。广州的金融机构虽然数量众多，但总部大多设在北京、上海及深圳，这在一定程度上削弱了广州对金融领域高层次人才的吸引力。相比之下，深圳拥有腾讯、万科、华大基因、大疆等多家领军型企业，具备更强的人才吸引力和竞争力。因此，广州应通过政策引导和支持，吸引更多新兴产业和现代服务业的龙头企业落户广州，增强其对高层次人才的吸引力。

加强区域间差异化竞争，提高人才支持力度。随着高层次人才区域间竞争的加剧，各地纷纷加大对高层次人才的支持力度。广州在吸引高层次人才方面面临的最大竞争者是深圳，深圳不仅在政府层面加大对高层次人才的投入力度，其大型企业如华为、腾讯也通过高薪酬和待遇吸引优秀人才。为了应对这一挑战，广州需要加大对高层次人才的支持力度，不仅要提供具有竞争力的薪酬和福利，还要创造良好的科研环境和发展平台。此外，广州应加强对本地企业的扶持，鼓励企业提升对高层次人才的激励措施，提升企业在人才市场的竞争力。

强化人才政策的执行和评估机制。广州应建立完善的人才政策执行和评估机制，确保各项政策措施能够切实落地并发挥效果。通过定期评估人才政策的实施效果，及时调整和优化政策措施，提升政策的针对性和有效性。此外，广州应加强与高层次人才的沟通，了解他们的需求和反馈，及时解决他们在工作和生活中遇到的问题，为高层次人才创造更加舒适和稳定的发展环境。

## 3. 总结

综上所述，广州在未来的人才政策发展中，在突出行业发展重点的同时，应重视均衡发展，促进现代服务业和新兴产业的发展，提供更好的人才载体；应加强区域间差异化竞争，提升城市整体吸引力；应强化人才政策的执行和评估机制。通过这些措施，广州将进一步增强对高层次人才的吸引力，提升城市竞争力，推动经济和社会的高质量发展。

## 四、深圳：引育用留，打造人才新高地

在全球化和知识经济的浪潮中，人才已成为推动城市发展的核心动力。深圳作为中国改革开放的先锋和经济特区，近年来在人才政策建设上取得了显著成就，形成了一系列具有创新性和前瞻性的人才政策体系。这些政策不仅吸引了大量国内外优秀人才，也为城市的经济社会发展注入了新的活力。本部分深入分析深圳在人才资源、人才效能、人才环境、人才载体等方面的政策现状，探讨其发展趋势，并评估这些政策对深圳长远发展的影响。

### 1. 人才体系建设现状

#### （1）人才资源现状：总量大、结构优、政策新、服务全

深圳作为中国的经济特区之一，自改革开放以来，凭借其独特的地理位置和政策优势，迅速崛起为国内外知名的经济、科技和文化中心。在这一过程中，人才资源成了推动深圳持续发展的关键因素。

第一，从人才规模来看，深圳的人才总量持续增长。《中国创新人才指数 2023 暨核心指标走势 2021—2023 三年对比分析》报告显示，深圳的创新人才发展水平连续三年稳居全国第三，仅次于北京和上海。特别是在创新人才结构方面，深圳的"技能结构"指标位列全国第一，每万人拥有 R&D 人员数连续三年保持第一，显示出深圳在科技研发领域的人才优势。

第二，深圳在人才引进和流动方面表现突出。根据深圳市人力资源和社会保障局的数据，深圳不断优化就业环境和政策，吸引了大量人才，2023 年全市新引进人才入户人数达到 15.67 万人。此外，深圳的就业登记人数达到了 1255.95 万人，创下了历史新高，其中非深户籍就业人数占到了 995.50 万人，这表明深圳的人才吸引力非常强。

第三，深圳的人才结构不断完善，高层次人才数量不断增加。截至 2023 年底，深圳各类人才总量已超过 679 万人，高层次人才 2.4 万人，留学归国人才超过 20 万人，全职院士人数达到 98 人。根据《中国创新人才指数 2023 暨核心指标走势 2021—2023 三年对比分析》，在创新人才结构方面，深圳"技能结构"指标位列全国第一。这些数据反映出深圳在不同领域和层次上都拥有丰富的人才储备。

第四，深圳在人才政策和服务方面也不断创新。例如，深圳通过设立"鹏城工匠"等荣誉，激励技能人才成长。同时，深圳还构建了全方位、全周期的人才服务体系，为人才提供研修、学术交流、便利服务等多方面的支持。为落实中央破"四维"要求，深圳率先在全国开展人才计划优化整合，形成"引育并举"的人才政策体系，不仅以杰出人才、关键核心技术人才、基础研究人才等 15 个培养专项为核心，对潜心从事原始创新、基础研究或核心技术攻关的科研人员给予长期稳定支持，还由"以帽取人"向"以岗择人"转变，将"按帽论价"转化为贡献导向的长期激励。对市场指挥棒发挥作用明显的竞争领域，建立"创新成果越多、经济贡献越大、奖励补贴越多"的持久激励机制，优化升级产业和创新人才奖，扩大优质实体经济企业高精尖缺人才覆盖范围。对于政府主导投入为主的非竞争领域，支持用人主体设置特聘岗位，自主评聘高精尖缺人才。

第五，在人才驱动创新方面，新常态背景下，深圳坚持创新驱动发展，积极构筑人才高地，推动经济转型升级，经济社会发展迈向更高层次。从过去"三天一层楼"，到如今"一天46件发明专利"，"深圳速度"正被注入崭新的内涵。通过吸引顶尖人才，深圳正谋求从跟随创新迈向源头创新，一批企业和新型研发机构在技术上不断取得新突破，催生甚至引领了一个个新产业，比如：华大基因一度贡献了全球百分之四五十的基因测序数据、70% 的主要农作物基因数据，成为世界最大的基因测序研发机构。以"人才红利"促进全面创新，增强创新发展的内生动力，深圳初步走上人才强、创新强、产业强、经济强的发展新路径。

然而，深圳在人才资源的吸引中也面临一些挑战。例如，虽然人才总量大，但如何进一步提高人才的质量和效能，以及如何更好地发挥人才在经济社会发展中的作用，仍是需要解决的问题。此外，随着人才竞争的加剧，如何持续优化人才政策，吸引和留住更多优秀人才，也是深圳需要考虑的。

综上所述，深圳的人才资源现状表现为总量大、结构优、政策新、服务全，但在人才质量和人才效能上也存在进一步提升的空间。未来，深圳需要继续加强人才政策的创新和服务的完善，以更好地发挥人才在推动经济社会发展中的关键作用。

**（2）人才效能现状**

① 人才规模的持续扩大

根据深圳市人才集团有限公司发布的《中国创新人才指数 2023 暨核心指标走势 2021—2023 三年对比分析》报告，深圳在人才规模方面取得了长足进步。深圳的人才总量已突破 679 万人，高层次人才达到 2.4 万人，留学归国人员超过 20 万人。2023 年，深圳全市新引进人才入户 15.67 万人。截至 2023 年底，深圳就业登记人数 1255.95 万人，达历史新高，其中非深户籍就业人数 995.50 万人。在《中国城市 95 后人才吸引力排名：2023》报告中，深圳首次跃居榜首，成为最吸引"95 后"青年人才的城市。这些数据充分显示了深圳在人才集聚效应上的强劲动力。

② 创新人才的培养与引进

深圳不仅注重人才的引进，更重视人才的培养。改革创新始终是深圳的根与魂，深圳推进科技创新体制改革，打破人才流动壁垒，聚焦科技创新"主战场"，充分发挥"基础研究 + 技术攻关 + 成果产业化 + 科技金融 + 人才支撑"全过程创新生态链作用，以具有全球感召力的干事创业平台打造创新力量集聚的"梦之队"。深圳通过实施一系列政策，如"孔雀计划"等，成功吸引了大量海外高层次人才。大湾区综合性国家科学中心、鹏城实验室等战略科技力量布局深圳，前海深港现代服务业合作区、光明科学城、河套深港科技创新合作区、西丽湖国际科教城建设加速推进，全市创新载体超 3000 家。同时，聚焦 5G、集成电路、人工智能等重点发展产业领域，挂牌成立 13 家诺贝尔奖（图灵奖）科学家实验室，给予最高 1 亿元支持。深圳对创新人才大力培养、积极引进。截至 2024 年 1 月，深圳全市共有全职院士 98 人，高层次人才 2.4 万人，留学回国人员超 20 万人，各类人才总量超 679 万人。

③ 人才效能的显著提升

城市是创新人才施展才华、发挥效能的主阵地。《中国创新人才指数 2023 暨核心指标走势 2021—2023 三年对比分析》报告显示，各城市的创新人才发展水平综合得分与城市 GDP 水平 Pearson 相关系数高达 0.914，说明城市的创新人才发展水平与其经济发展水平具有极强的相关性。深圳的创新人才发展水平连续三年稳居全国第三，仅次于北京和上海。在创新人才效能方面，深圳的表现尤为突出。深圳以 23.40 万件非发明专利授权数位列全国第一，以每万人发明专利拥有量137.9件稳居全国第二，与第三名上海拉开较大差距。这表明深圳的创新人才不仅数量众多，而且在质量和创新能力上也具有很高的水平，能够不断驱动深圳经济快速发展。

④人才政策的不断创新与实施

在人才政策上的创新与实施也是深圳人才效能提升的重要因素。2023年底，深圳出台了《关于实施更加积极更加开放更加有效的人才政策 促进人才高质量发展的意见》，从人才引进、人才培养、人才开发、人才使用、人才服务5个方面发力，突出了人才引用的开放态度。深圳不唯地域引进人才、不问出身培养人才、不求所有开发人才、不拘一格用好人才、不遗余力服务人才。在最近发布的"2023年最具人才吸引力城市100强榜单"上，深圳综合排名第三，人才吸引力持续提升，人才的创新创造活力迸发，为高质量发展提供了强劲动力。

⑤人才与产业的深度融合

深圳的人才发展与产业科技实现了深度融合。通过建立高水平的高校和科研院所，搭建高端科技服务平台，构建一流创新生态系统，深圳成功地将人才优势转化为产业发展的动力。例如深圳与中国人民大学合作建立深圳研究院，展示了深圳在高等教育和人才培养方面的开放态度和合作意愿。研究院的建立促进了学术研究与产业发展的深度融合，通过与产业界的紧密合作，研究院能够将理论研究转化为实际应用，推动科技创新和产业升级，吸引国内外的顶尖人才。由此可见，深圳人才政策的亮点在于其综合性、创新性、开放性和国际化，这些政策不仅促进了人才的集聚和培养，也为深圳的长远发展提供了坚实的人才支撑和智力支持。

⑥人才基金的设立与运作

4年的时间里，百亿规模的深圳人才基金发展成为服务人才、服务创新的源头活水。这只成立于 2017 年 1 月的人才创新创业基金，设立一号、二号、三号股权投资基金，主要投向战略性新兴产业、未来产业、现代服务业等行业。其中，规模最大的是深圳人才一号基金（简称"一号基金"），总规模 60 亿元，首期规模 20 亿元，由深圳市引导基金投资有限公司、深圳市部分区政府引导基金、深创投集团及社会资本出资设立，深创投受托管理。截至 2021 年，一号基金总共投资 29 个项目（32 轮次），涉及金额 12.37 亿元。

以高灯科技为例，一号基金与腾讯等机构一起合作投资，共同推动高灯科技总部从海南迁到深圳南山，同时协助企业与相关部门沟通，解决企业高管搬家到深圳面临的子女入学难等问题。此外，一号基金还帮助被投企业泛海统联在坪山找到四五万平方米的产业空间，帮助中科飞测对接更多客户资源，等等。

⑦ 人才环境的持续优化

深圳不断优化人才环境，解决人才在生活和工作中遇到的问题。例如，深圳市税务局通过实施"强优铸"计划，培养了一支高素质的税务人才队伍，为税收现代化建设和经济社会高质量发展提供了支撑。随着粤港澳大湾区和中国特色社会主义先行示范区建设全面铺开、纵深推进，深圳人才政策也需"迭代升级"。深圳不断深化人才发展体制机制改革，持续推进人才对外开放，大力推动从过去的依靠政策比较优势吸引人才向依靠优良的环境和文化集聚人才转变，逐步构建更加开放包容的城市聚才新格局。

综上所述，深圳的人才效能现状表现为人才规模的持续扩大、创新人才的培养与引进、人才效能的显著提升、人才政策的创新与实施、人才与产业的深度融合、人才基金的设立与运作以及人才环境的持续优化。这些因素共同推动了深圳经济社会的高质量发展，使深圳成为全国乃至全球的人才高地。

## 2. 人才体系建设亮点

深圳作为中国改革开放的前沿城市，近年来在人才政策建设方面取得了显著成效，形成了一系列亮点，这些亮点主要体现在人才环境和人才载体2个方面。

### （1）人才环境亮点

第一，政策支持与奖励机制。深圳出台了一系列人才新政，包括构建海外引才支持体系，每年评选创新创业人才和青年人才，并给予奖励补贴。同时，实施个人所得税优惠政策，鼓励各区结合产业发展需要，给予高层次人才更大支持。

第二，人才培养与国际交流。深圳加快建设战略人才力量，优化杰出人才培养专项，定期遴选具有潜力的培养对象。同时，加强与国际的交流合作，支持高校引进高端前沿课程，联合培养高端师资人才队伍。比如，2023年5月，深圳高校国际合作座谈会在南方科技大学举行，会议聚焦深圳高等教育国际化发展，探讨了如何通过联合国教科文组织高等教育创新中心的国际组织平台深化合作，共同助力深圳国际化创新型城市发展。2022年深圳市政府在《深圳市教育发展"十四五"规划》中提出，要增强深圳教育国际吸引力，大力实施深圳教育"走出去"行动，积极搭建教育开放交流平台。"十四五"时期，高等教育必须全面深化改革，持续创新发展，进一步提升教育质量与国际化水平。

第三，人才评价与激励机制。近年来，深圳在人才评价改革中，坚持"破四唯"（唯论文、唯职称、唯学历、唯奖项）与"立新标"并重，对市场作用明显的竞争性领域，建立"创新成果越多、经济贡献越大、奖励补贴越多"的持久激励机制；对政府主导投入为主的非竞争领域，支持高校、科研机构等用人主体设置特聘岗位，自主评聘高精尖缺人才。同时，探索实施以用人单位为评价主体的人才评价机制，授权华为、腾讯、比亚迪等 91 家企业开展技能人才自主评价，累计超过 10 万人次。南山区还探索构建"能力 + 业绩"导向的评价体系，授权区内 500 家用人单位自主评价高层次人才。为进一步强化顶层设计，2023 年 11 月 1 日深圳人才日，深圳重磅发布《关于实施更加积极更加开放更加有效的人才政策 促进人才高质量发展的意见》，以"不唯地域、不问出身、不求所有、不拘一格、不遗余力"的开放姿态推出 30 条人才新政，明确提出建立以创新价值、能力、贡献为导向的人才分类评价体系。其中的"不问出身"，更是聚焦人才的真才实学和创新成果，以实干实绩来评定人才，一方面打通人才向上晋升的"天花板"，另一方面也让有才华的人才，找到实现抱负的舞台，让人才不靠"出身"也可以"出彩"。2024 年 1 月 4 日，深圳市政府印发《关于开展科技人才评价改革试点的实施方案》，确定以"职能部门 + 试点单位 + 战略创新平台"为改革主体，以"评什么、谁来评、怎么评、怎么用"为着力点，以深化改革和政策协同为保障，全面推进改革。

**（2）人才载体亮点**

① 科技创新平台建设

科技创新平台是科技基础设施建设的重要内容，是培育和发展高新技术产业的重要载体。近年来，深圳充分发挥全过程创新生态链整体效应，不断完善学科布局，加快承接大型科学装置，重大创新平台建设不断实现突破。

步入"十四五"时期，深圳创新平台建设步伐未停歇。2018 年成立的鹏城实验室是国家在深圳布局的国家级重大科研机构，实验室与优势科技力量联合研制的"鹏城云脑Ⅱ"人工智能大科学装置在全球超级计算大会发布的国际 IO500 排行榜中已连续三次斩获冠军；深圳湾实验室、深圳量子科学与工程研究院被纳入国家战略科研平台建设体系；在光明科学城，材料基因组设施正抓紧推进场地装修和关键设备购置工作，"鹏城云脑Ⅲ"、精准医学影像、特殊环境材料器件科学与应用研究等设施已完成立项；在河套深港科技创新合作区，集聚了金砖国家未来网络研究院中国分院、国际量子研究院等一大批创新平台。

据统计，仅 2023 年一年，深圳通过落实《河套深港科技创新合作区深圳园区发展规划》，进一步加快国家实验室、粤港澳大湾区（广东）量子科学中心等重大平台在河套布局建设，推动香港科学园深圳分园开园，共引入 160 多个优质科研项目，包括 10 个国家重大科研平台、10 个香港高校科研机构和一批世界 500 强企业研发中心。一个个平台的背后，蕴藏着人才、技术、信息、设施装备、数据、算力、资本等丰富的创新资源。深圳高水平创新平台的建设，大大加速了高端创新资源的集聚。在实施创新驱动发展战略过程中，着力提升核心技术攻关能力，是经济实现高质量发展的关键。日渐成熟的重大创新平台，让深圳拥有了一座座开展关键核心技术攻关的桥头堡。

②人才政策数量

2021—2023 年，深圳共制定创新人才政策 87 条，超越杭州和广州位列全国第三，这体现了深圳在人才政策建设上的活跃度和创新性。首先，深圳在人才引进方面下足功夫。通过实施顶尖人才汇聚项目、企业人才汇聚项目、创业人才汇聚项目以及青年人才汇聚项目等，深圳不仅吸引了大量国内外顶尖人才，还为他们提供了事业平台、科研经费、团队支持、生活保障等一揽子"政策包",为人才的创新创业提供了有力支持。其次,深圳在人才培养方面也展现出了前瞻性和创新性。通过实施杰出科技创新人才选拔培养实施办法等政策措施,深圳市重点培养了一批具有成为大师和战略科学家潜力的对象,为他们提供了高额的培养经费和优质的科研环境,助力他们在科研道路上取得更多突破。此外,深圳市在人才使用和服务方面也做出了积极探索。通过打造开放共享的全球用才新模式、加强人才培养国际交流合作等措施,深圳市为人才提供了更加广阔的发展空间和更加优质的服务保障,让人才能够在深圳安心工作、舒心生活。这些政策的制定和实施,不仅为深圳的经济社会发展提供了有力的人才支撑,也为全国其他城市在人才政策建设方面提供了有益的借鉴和参考。

③人才发展环境评价

通过主成分分析法的评析(崔宏轶,2020),深圳科技创新人才发展环境经历了起步改善、快速改善和深入改善的过程。经济发展因子改善最为明显,而安居保障因子调整最为薄弱,这为深圳提供了进一步优化人才发展环境的方向。

**(3)典型案例**

深圳的人才政策亮点可以通过具体案例进一步体现。例如,深圳通过"孔雀计划"引进海外高层次人才,该计划提供优厚的待遇和支持,吸引了大量海外优秀人才回流。此外,深圳的"圆梦鹏城"项目,通过设立城市"梦想启动金",支持人才实现创新创业梦想,不受行业领域、层次高低的限制,真正体现了"英雄不问出处"的理念。

综上所述,深圳的人才政策建设在人才环境和人才载体两方面均有突出表现,通过政策支持、人才培养、评价激励、住房保障等多方面措施,构建了一个有利于人才成长和发展的良好环境,并通过科技创新平台建设和人才引进政策，形成了强大的人才载体，为深圳的持续发展提供了坚实的人才支撑。

### 3. 人才建设发展趋势

第一，人才政策的持续优化与创新。深圳的人才政策一直在不断优化和创新。深圳市人力资源和社会保障局对现有人才政策作出调整，破除"四唯"，更加突出用人主体和市场主体作用，使引才留才更精准、更灵活。同时，新的人才政策树立了全球引才导向，建立具有国际竞争力的引才用才制度。这表明深圳正从依靠政策吸引人才向依靠优良的环境和文化集聚人才转变。

第二，人才结构的多元化和高层次化。深圳的人才结构正朝着多元化和高层次化的方向发展。据报道，深圳各类人才总量已超过 679 万人，高层次人才 2.4 万人，留学回国人才超过 20 万人，全职院士人数已达 98 人。这显示了深圳在吸引和培养各类人才方面的显著成效。

第三，人才大数据的创新应用。深圳在人才大数据的创新应用方面也取得了显著成果，在《全国人才大数据创新应用案例汇编》中，深圳有两个案例入选，展示了深圳如何利用大数据技术推动人才工作水平提升，助力产业发展。

第四，人才培育模式的创新。深圳在人才培育模式上不断创新，例如"深圳市工业软件人才培育联合创新中心项目"，通过全流程培育模式，实现了人才前置培养，这种模式有望为深圳培养更多高质量的专业人才。

第五，人才政策的国际化趋势。深圳市人才工作局透露将推出新一轮的人才政策，更加注重与国际接轨，进一步破除"四唯"的限制，这将有助于吸引更多国际人才。

第六，人才政策的系统性优化。深圳对现行人才政策进行了系统性优化升级，例如出台了《关于实施更加积极更加开放更加有效的人才政策 促进人才高质量发展的意见》，这表明深圳市正致力于打造一个更加积极、开放、有效的人才政策体系。

综上所述，深圳的人才建设发展趋势表现为人才政策的持续优化与创新、人才结构的多元化和高层次化、人才大数据的创新应用、人才培育模式的创新、人才吸引力的持续增强、人才政策的国际化趋势、人才住房保障的加强以及人才政策的系统性优化。这些趋势不仅体现了深圳市对人才的高度重视，也预示着深圳市在未来的人才竞争中将继续保持领先地位。

### 4. 总结

深圳的人才建设发展呈现出显著的上升趋势和多元化特点。通过不断优化人才政策、强化人才结构、创新人才培育模式、增强人才吸引力，深圳已成功构建了一个有利于人才成长和创新的环境。特别是通过国际化视野的拓展、人才住房保障的加强以及大数据技术的创新应用，深圳正逐步成为全球人才的聚集地。面对未来，深圳将继续推动人才政策的系统性优化，以保持其在人才竞争中的领先地位，并进一步促进经济社会的高质量发展。

## 五、苏州：融合国际视野与区域优势，打造特色人才基地

苏州位于江苏省东南部，是长江三角洲重要的中心城市之一。作为江苏省的经济重镇，苏州以其强大的工业基础和活跃的商贸环境著称。尤其

是苏州工业园区，它不仅是中国与新加坡合作的典范，也是对外开放的重要窗口，推动了地区经济的快速发展。同时，苏州也是人才集聚的高地，拥有苏州大学等高等教育机构和众多科研平台，为人才的成长和发展提供了肥沃的土壤。苏州市政府通过一系列优惠政策吸引和留住人才，促进了城市的创新能力和竞争力。

近年来，苏州深入实施人才强市战略，坚持把人才作为支撑高质量发展的第一资源，在人才资源集聚、人才发展环境优化、人才创新创业效能提升、人才载体平台建设等方面持续用力，推动形成人才链、创新链、产业链、政策链深度融合的生动局面，加快建设独具特色和竞争力的区域人才基地。

### 1. 人才资源：坚持高端引领，集聚海内外人才

苏州通过创新人才引进机制，为城市的创新和发展注入新的活力，同时也为全球人才提供了一个展示才华、实现梦想的舞台。通过打造一个多元化、国际化的人才生态圈，汇聚全球各类人才资源，苏州将一步步在全球竞争中脱颖而出，成为国际人才汇聚的重要枢纽。

#### （1）"海鸥计划"：国际人才助力创新发展

苏州的"海鸥计划"是一项重要的柔性引进海外人才和智力的政策，自2011年开始实施。该计划通过打破国籍、地域、身份、人事关系等人才流动中的刚性制约，坚持以用为本，充分体现个人意愿和用人单位自主权，以契约管理为基础柔性引进海外人才智力。此计划适用于在苏州大市范围内注册登记、具有独立法人资格的各类企事业单位，特别是高新技术企业、技术先进型企业等科技型企业。"海鸥计划"采取事后补贴方式，根据引智对象的贡献进行绩效择优补贴，分为在用人单位领取工薪和不在

用人单位领取工薪两大类。领薪者工薪 5 万元以上，补贴比例分段递增，分别为 25%、30%、35%，最高补贴 60 万元，高端专家最高补贴 100 万元。不领薪者，按综合费用核算，最高补贴 30 万元。

自实施以来，"海鸥计划"取得了显著成效。2023 年当年，苏州高新区共有 36 位海外专家入选该计划，截至 2023 年，苏州高新区累计有 447 名专家入选该计划。这些专家来自美国、英国、德国、日本、韩国等 20 多个国家，涉及光子、生物医药、智能制造、新一代信息技术、新能源等领域。

**（2）高标准建设留创园，打造一流"苏州硅谷"**

苏州市留创园是苏州市委、市政府为吸引海外高层次人才而建设的创新创业人才培育载体。园区定位"高、新、特、精"，引进掌握核心技术和自主知识产权的海归项目，以及具有国际视野的高层次人才，目标是在 5 年内打造成为国内领先、国际一流的留学人员创业高地。目前，苏州有 4 家国家级留创园，其中苏州国际精英创业园已吸引 1000 多家海归企业，成为长三角地区留学人才最多、孵化效果最好的园区。

园区提供全方位、一站式服务，包括开设海归创业绿色通道，设立海归云服务平台，提供人才公寓、医疗服务、子女教育等便利，以及举办高端人才创新活动，助力人才发展。园区已集聚 1000 多家海归企业，6000 多名专业技术人才，200 多名海内外知名专家。园区实施"姑苏高层次人才计划""国际精英创业计划"和"未来之星"评选，为顶尖人才、高成长型科技人才和青年科技人才提供项目资助和安家补贴。同时，园区加快新型研发机构布局，打造技术转移"苏州模式"，与中新苏州工业园区、苏州纳米所、西交利物浦大学等合作，建设技术转移中心，促进技术成果转化。园区已建成 30 多家技术转移机构，实现技术交易额 50 亿元，促成

300多个科技成果转化项目。未来，园区将深化与国内外高校院所、企业、创投机构的合作，引进海外高层次团队和项目，建设国际顶尖创新研究院所，提升全球技术创新能力。力争到2025年，高新技术企业突破500家，成为全球创新资源的汇聚地。

### 2. 人才效能：营造创新创业生态，推动人才效能转化

苏州通过一系列政策措施，致力于营造一个充满活力和竞争力的创新创业生态，构建一个开放、包容、创新的人才发展环境，激发人才潜能，推动人才效能的转化，为城市的创新和发展注入新的活力。

#### （1）姑苏创新创业人才领军计划

姑苏创新创业领军人才计划是苏州市政府为深入实施人才强国战略和创新驱动发展战略而推出的一项重要人才政策。该计划旨在大力引进和扶持围绕新技术、新产业、新业态、新模式来苏创新创业的科技领军人才，促进人才链、创新链、产业链融合发展。该计划主要围绕生物医药、新一代信息技术、高端装备、新材料、新能源等战略性新兴产业领域引进创新创业人才（团队）。优先支持推动数字经济和实体经济深度融合，推动互联网、大数据、人工智能等同各产业深度融合的人才项目。此外，还优先支持留学归国人员的创新创业项目。

姑苏创新创业领军人才计划设重大创新团队、创业领军人才、创新领军人才、青年领军人才等类别。这些类别分别支持不同类型的人才，包括具有国际视野和战略眼光的人才团队，既通科技又懂市场的创业人才，到苏州科技型企业领衔研发及管理工作的创新人才，以及在技术开发、成果转化、基础研究等方面已取得较好成绩的青年科技人才。此外，姑苏创新创业领军人才计划还注重产才融合发展，围绕"以人才国际化引领产业高

端化"的导向，明确优先支持战略性新兴产业领域的人才项目。同时，该计划还优化了人才遴选机制，突出市场化导向，对社会资本引进落户的优秀人才创业项目、专家举荐的项目、全国高水平创业大赛的获奖项目、企业高薪聘请的人才等，可直接立项或简化评审程序，让政策兑现更加高效。

苏州市政府通过这一计划，致力于让苏州成为"创业者乐园、创新者天堂"，加大政策支持力度，吸引更多高端人才和优质项目，为苏州高质量发展提供有力的科技人才支撑和保障。2023 年上半年，苏州新登记各类市场主体 15.56 万户，同比增长 16.8%，其中新登记企业 5.36 万户，增长 10.0%。

**（2）国际精英创业周，汇聚全球创新资源**

苏州国际精英创业周是苏州聚焦重点产业、面向全球招揽人才的重大品牌活动，是苏州贯彻新发展理念、加快建设创新型城市的重要载体平台。创业周聚焦新一代信息技术、生物医药、人工智能等战略性新兴产业，以"链接全球资源、助力创新创业"为主题，成功举办了 3 届，吸引了 20 多个国家和地区的 3000 多名海内外高层次创新创业人才参会，签约项目总投资额超 1500 亿元，有力推动了人才、项目、资金等创新资源在苏州集聚，极大提升了苏州作为全球创新高地的影响力和吸引力。

苏州国际精英创业周着眼全球科技前沿和产业发展趋势，围绕人工智能与未来社会、数字技术赋能先进制造、碳中和与绿色低碳技术等热点领域，广邀国内外知名专家学者、商界领袖同台论道、把脉问诊，深入交流前沿科技成果转化、颠覆性技术产业化等话题。同时，还特别举办了"创新之星""创业之星"等创新创业大赛，面向全球遴选发展前景好、创新能力强的初创企业，经过线上角逐、线下决赛等环节层层选拔，最终评选出 50 家创业之星企业，给予最高 1000 万元资助，并在创业场地、研发平台、生产资料、融资对接等方面提供全过程服务，推动"苏州智造"与全球智慧充分对接。

截至 2023 年，苏州国际精英创业周已累计吸引 4 万多名人才参加，落户项目超过 1.2 万个，其中包括 59 家独角兽培育企业和 38 家国家级"专精特新"企业。苏州已连续 12 年入选"外国专家眼中最具吸引力中国城市"，连续 4 年获评"中国最佳引才城市"。2023 年（第十五届）苏州国际精英创业周吸引了 3084 名人才嘉宾携带 3057 个项目参会。本届创业周市级公共平台共征集项目 2266 个，其中海外项目 1220 个，同比增长 16.75%；国内项目 1046 个，同比增长 13.82%。活动期间完成签约项目 2098 个，较 2022 年增长 10.48%，其中创业投资项目 2006 个，创新合作项目 92 个，再创历史新高。此外，还有落户项目 1903 个，较 2022 年增长 2.15%，持续保持增长态势。

### 3. 人才环境：优化人才发展环境，加强生活就业保障

苏州顺应新时代人才发展新趋势新特点，着眼高层次人才成长成才需求，加快构建开放包容、竞争有序的人才发展生态系统。

#### （1）高起点打造"苏州英才汇"

苏州高起点打造"苏州英才汇"，加快建设全市统一规范、互联互通的人才信息大数据平台。"苏州英才汇"前瞻分析人才资源的总量、结构、流动态势，多渠道采集国内外人才信息，实现人才资源信息一网汇聚、供需精准对接。目前，平台已集聚国内外各类人才 300 万人次，成为覆盖长三角的人力资源配置中心。同时，苏州制定出台高层次人才认定和支持办法，分类施策，靶向滴灌。对姑苏人才计划、姑苏产业人才计划等

高端紧缺人才，实行认定即兑现，为其在创业启动、安家落户、配偶就业、子女入学等方面提供保姆式、一站式服务。实施"菁英卡"制度，采用线上、线下相结合的模式，为高层次人才在体检疗养、文体活动、旅游休闲等方面提供个性化服务。

**（2）共建"校企查"平台，推动需求对接**

为破解高校人才培养与企业用工需求"两张皮"难题，苏州联合 58 所高校共建"校企查"专业信息共享平台。该平台聚焦全市重点发展的电子信息、智能制造、生物医药等十大产业，汇聚院校专业设置、岗位需求、求职简历等信息，推动人才供给侧和需求侧在线实时对接。2023 年，平台共发布岗位需求 6 万个，实现 2 万多名高校毕业生精准就业。同时，全市本科及以上学历人才占比达 50% 以上，研究生以上学历人才占比达 15% 以上，形成了与产业发展相适应的人才供给体系。

## 4. 人才载体：突出集群发展，打造一流创新高地

苏州坚持把人才作为第一资源，围绕重点产业布局建设一批国家级人才发展平台载体，推动建设特色鲜明、勾连紧密的区域人才创新发展格局。

### （1）加速建设创新创业人才培养示范基地

以苏州国际精英创业园为龙头，高标准建设国家级创新创业人才培养示范基地。园区聚焦电子信息、生物医药、人工智能等新兴产业，大力引进和培育一批掌握关键核心技术的创新创业人才和团队。5 年内，力争使园区成长为具有国际影响力的"苏州硅谷"。目前，园区已汇集海归企业 1000 多家，其中瞪羚、独角兽企业 50 多家，高新技术企业 300 多家，专利申请量突破 1000 件，正加速向国际一流创新创业生态综合体迈进。

### （2）苏州湾科技城：对接全球创新网络

苏州湾科技城是苏州对接融入全球创新网络的重要桥头堡。科技城聚焦新一代信息技术、生命健康、人工智能等战略性新兴产业，着力建设具有全球影响力的高端产业创新策源地、高层次人才创新创业聚集区。5 年内，重点引进和培育 5000 名高层次人才，其中顶尖人才 100 名左右，打造一支高水平创新创业人才队伍。同时，依托重大产业项目，支持高校、科研院所与龙头骨干企业共建一批新型研发机构、中试基地，打造多元融合、相互支撑的协同创新体系。力争到 2025 年，高新技术企业数量突破1000 家，打造全国领先的数字经济创新高地，让"苏州智造"成为全球数字产业的新名片。

苏州围绕新兴产业发展，加快完善各类创新创业载体。目前，全市建有各级各类众创空间、孵化器 700 多家，在孵企业 5000 多家，其中国家级科技企业孵化器 25 家，在孵"独角兽"企业 30 多家，科技型中小企业总量超 1.5 万家，有力促进了人才创新活力向现实生产力转化。未来苏州将按照错位发展、差异竞争的思路，推动各类创新创业载体向专业化、品牌化、高端化发展。

### 5. 未来展望

展望未来，苏州将继续坚持人才强市战略，围绕重点领域和关键环节，采取更加精准有效的措施，加快集聚国内外优秀人才。

### （1）填补紧缺人才缺口

随着新能源、生物医药及大健康产业的迅猛发展，苏州正面临着人才需求的新挑战。此外，新兴数字产业和新能源汽车领域也表现出对人才的强烈需求，同时，高端纺织、轻工业等先进制造业作为苏州的传统优势产业，在转型升级的过程中，对各类专业人才的需求依然旺盛。这些产业的技术升级和市场变化要求有更多的专业人才加入，以推动产业的持续发展和创新。

苏州市人力资源和社会保障局针对这些人才紧缺领域，启动了 2024 年重点产业紧缺专业人才需求问卷调研。这项调研旨在更好地了解和预测苏州市未来一年内的人才招聘趋势，为编制《苏州市 2024 年重点产业紧缺专业人才需求目录》提供重要参考。未来，苏州应当着手建立紧缺指数评估体系，开展紧缺人才定量评价工作，以更准确地把握市场需求和人才供需状况。通过这些评估和评价工作，更有针对性地制定人才政策，推动产教融合，吸引和培养更多紧缺专业人才，为产业发展提供有力支撑。

**（2）加快高层次人才引进**

苏州将继续实施更加积极开放的人才政策，以吸引更多的高层次创新创业人才。为此，苏州将完善"海鸥计划"等品牌引才计划，采取"一事一议""点对点"精准引才的方式，加大顶尖科学家、领军人才、青年俊才的集聚力度。同时，支持重点园区、高校院所、龙头骨干企业建设海外离岸创新中心，搭建海外引才的"直通车"。此外，苏州还将办好国际精英创业周，打造全球创新创业盛会，吸引更多高层次人才来苏创新创业。

**（3）提升城市品牌影响力**

苏州将进一步加强城市品牌建设，通过多种渠道和方式，展示苏州的历史文化底蕴、现代都市风貌和创新创业氛围。这包括通过举办各类文化活动、国际会议、展览展示等活动，提升苏州的国际知名度和影响力。同时，苏州还将加强与国内外媒体的交流合作，利用现代传播手段，讲好苏州故事，传播苏州声音，让更多的人了解和认识苏州。

未来，苏州将持续优化人才发展环境，提升城市对人才的吸引力。高水平建设国际社区、人才公寓，完善教育、医疗等配套服务，为各类人才营造宜业宜居的创新生态。探索建立国际医疗保险，为国际人才提供优质便捷的医疗保障。加大城市品牌建设力度，讲好"苏州故事"，传播好"苏州声音"，展示苏州包容开放、创新活力的城市形象，进一步提升城市对国内外人才的吸引力。

## 6. 总结

长期以来，苏州始终致力于在人才资源、人才效能、人才环境和人才载体等方面进行综合布局和施策，力争在新时代觅得新质生产力腾飞的先机。可以预见，随着各项人才发展举措的深入实施，苏州将成为各类英才竞相逐梦、实现梦想的热土。苏州也必将在现代化建设新征程中，书写更多令人瞩目的人才新篇章，为加快建设独具特色和竞争力的国际化创新城市提供源源不断的智力支撑。

## 参考文献

[1] 张天扬. 北京人才发展报告 (2023)[M]. 北京：社会科学文献出版社，2023.

[2] 北京市经济和信息化局.《2022 年北京人工智能产业发展白皮书》重磅发布 [EB/OL] (2023-02-14) [2024-08-28]. https://www.beijing.gov.cn/ywdt/gzdt/202302/t20230214_2916514.html.

[3] 张天扬. 北京人才发展报告 (2022)[M]. 北京：社会科学文献出版社，2022.

[4] 北京市海淀区人民政府. 重磅! 海淀出台"12 条"，深化央地人才一体化发展 [EB/OL] (2021-09-10) [2024-08-28]. https://zyk.

bjhd.gov.cn/jbdt/auto4518_51815/auto4518_54641/auto4518/
auto4518/202109/t20210910_4485484.shtml.

[5] 北京市海淀区融媒体中心. 重磅报告出炉! 海淀是全国智力资源最为
密集的区域 [EB/OL] (2021-09-06) [2024-08-28]. https://mp.weixin.
qq.com/s/e-IsaM9qGSBynpnfNtXobA.

[6] 中共北京市委经济技术开发区工委组织人事部. 北京经济技术开发区
支持高精尖产业人才创新创业实施办法（2.0 版）[EB/OL] (2024-04-
19) [2024-08-28]. https://www.ncsti.gov.cn/kjdt/ztbd/zgcsfqzsh2024/
yzy/zszc/202404/t20240419_154241.html.

[7] 北京日报. 国内第一个人工智能数据训练基地、北京最大的公共算力
平台同日启用 最强算力设施练就"最强大脑" [EB/OL] (2024-03-
30) [2024-08-28]. https://www.beijing.gov.cn/ywdt/gzdt/202403/
t20240330_3606130.html.

[8] 亦城时报. 北京亦庄"育"出来的新质生产力 [EB/OL] (2024-03-08)
[2024-08-28]. https://kfqgw.beijing.gov.cn/zwgkkfq/yzxwkfq/202403/
t20240308_3583831.html.

[9] 北京市人民代表大会常务委员会. 以首善标准抓好人才工作 力
争率先建成高水平人才高地 [EB/OL] (2022-02-23) [2024-08-
28]. http://www.bjrd.gov.cn/fwhd/bjrdzz/2022n/deq/yjjyts/202202/
t20220223_2615029.html.

[10] 上海市人力资源和社会保障局. 上海市人力资源和社会保障局关于
开展 2024 年度上海市人力资源服务"伯乐"奖励计划申报工作的通
知 [Z]. 沪人社力〔2024〕166 号, 2024-06-04.

[11] 上海市教育委员会. 上海市教育委员会关于印发《上海市高等教育

发展"十四五"规划》的通知 [Z]. 沪教委高〔2022〕9号，2022-03-31.

[12]上海市房屋管理局. 对市政协十三届五次会议第0743号提案的答复 [EB/OL] (2022-08-03) [2024-08-28]. https://fgj.sh.gov.cn/bljg/2022 0823/0a882b18aff24c8f9090284476584733.html.

[13]上海市人民政府. 上海市人民政府关于印发《鼓励留学人员来上海工作和创业的若干规定》的通知 [Z]. 沪府规〔2021〕1号，2021-02-05.

[14]上海市教育委员会. 上海市教育委员会关于印发《上海市强化重点领域人才精准供给 动态调整高等学校招生结构规模实施方案》的通知 [Z]. 沪教委高〔2024〕4号，2024-03-15.

[15]上海市经济和信息化委员会. 一图读懂《上海市生物医药产业发展"十四五"规划》[EB/OL] (2021-12-31) [2024-08-28]. https:// www.sheitc.sh.gov.cn/gydt/20211231/97ab41b797a74521a1f076028 4c15610.html.

[16]上海市人民政府. 上海市人民政府关于印发《上海市引进人才申办本市常住户口办法》的通知 [Z]. 沪府规〔2020〕25号，2020-11-09.

[17]上海市人力资源和社会保障局. 上海市人力资源和社会保障局等八部门关于印发《上海市关于实施重点群体创业推进行动工作方案》的通知 [EB/OL] (2023-06-09) [2024-08-28]. https://rsj.sh.gov.cn/ tjypx_17737/20230614/t0035_1416220.html.

[18]上海市人民政府. 关于我市分类推进人才评价机制改革的实施方案 [EB/OL] (2019-06-11) [2024-08-28]. https://www.shanghai.gov.cn/ nw44142/20200824/0001-44142_59271.html.

[19] 上海市生物医药产业促进中心 . 上海市生物医药产业人才发展白皮书 [R]. 上海，2022.

[20] 王建平 . 上海科技人才发展研究报告 2020[M]. 上海：上海交通大学出版社，2020.

[21] 王建平 . 上海科技人才发展研究报告 2019[M]. 上海：上海交通大学出版社，2019.

[22] 李凌月，罗瀛，张啸虎 . 城市科技创新空间发展、影响因素与规划策略探讨——上海科创中心建设思考 [J]. 上海城市规划，2021（05）：72-76.

[23] 李文静 . 基于内容分析法的"十三五"国家人才政策研究 [J]. 大众标准化，2019（14）：104-105.

[24] 杨艳，郭俊华，余晓燕 . 政策工具视角下的上海市人才政策协同研究 [J]. 中国科技论坛，2018（04）：148-156.

[25] 胡威 . 我国地方政府人才政策创新动因研究——基于北京、上海和浙江的分析 [J]. 行政论坛，2018，25(01)：114-121.

[26] 张波 . 上海高端人才空间集聚的 SWOT 分析及其路径选择——基于北京、深圳与上海的人才政策比较分析 [J]. 科学发展，2019(02)：22-31.

[27] 澎湃新闻 . 李显龙为何再访中新广州知识城？创新合作新典范加速蝶变 [EB/OL] (2023-04-07) [2024-08-28]. https://www.thepaper.cn/newsDetail_forward_22610278.

[28] 广州黄埔发布 . 12 个项目！总投资预计超 30 亿元！知识城和新加坡"签了" [EB/OL] (2023-06-26) [2024-08-28]. https://mp.weixin.qq.com/s/67uodDqxZyb9X9UB3a4e8g.

[29] 广州市教育局 . 香港科技大学（广州）正式设立！今年 9 月开学，致

力建设全球首家融合学科大学 [EB/OL] (2022-07-04) [2024-08-28]. https://www.gz.gov.cn/zwgk/zdly/jyxx/fzgh/content/post_8390037. html.

[30] 广州日报.港科大与港科大（广州）合推"红鸟跨校园学习计划"[EB/ OL] (2024-06-14) [2024-08-28]. https://baijiahao.baidu.com/s?id= 1801846468589382226&wfr=spider&for=pc.

[31] 广州日报.去年高校在校学生超 160 万人 广州稳居"全国大学生第一城"[EB/ OL] (2024-06-15) [2024-08-28]. https://www.gz.gov.cn/zt/gzlfzgzld/ gzgzlfz/content/post_9705814.html.

[32] 广州日报.广州市职业教育质量发展报告（2019）[EB/OL] (2019- 06-27) [2024-08-28]. https://baijiahao.baidu.com/s?id=163744181 4740896385&wfr=spider&for=pc.

[33] 广州市人民政府.广州市人民政府关于表扬中华人民共和国第二届职 业技能大赛我市获奖选手和为参赛工作作出突出贡献的单位及个人的 通报 [Z].穗府函〔2024〕49 号，2024-04-11.

[34] 广州市人民政府.广州市人民政府关于表扬 2022 年世界技能大赛特 别赛广州获奖选手和为参赛工作作出突出贡献的单位及个人的通报 [Z].穗府函〔2023〕200 号，2023-09-11.

[35] 王玲芬.广州市高层次人才政策现状及改进对策研究 [D].华南理工 大学，2023.

[36] 人才深圳.深圳这波新动作，透露了哪些人才政策新风向？ [EB/ OL] (2021-06-02) [2024-08-28]. https://mp.weixin.qq.com/s/p5jD- TC62AOXWIHwQhjOsg.

[37] 深圳发布."人才强国"建设中，深圳如何走在最前列？ [EB/

OL] (2021-09-30) [2024-08-28]. https://mp.weixin.qq.com/s/Qv7gYKUHmsHaE9QEsKYxZQ.

[38] 深圳政府在线 . 2024 年深圳市政府工作报告全文发布 [EB/OL] (2024-02-07)[2024-08-28]. https://www.sz.gov.cn/cn/xxgk/zfxxgj/zwdt/content/post_11141398.html.

[39] 深圳新闻网 . 首个《全国人才大数据创新应用案例汇编》在深发布 [EB/OL] (2021-04-24) [2024-08-28]. https://www.sznews.com/content/mb/2021-04/24/content_24160683.htm.

[40] 深圳新闻网 . 人才总量不断增长 人才结构不断完善 深圳各类人才超 600 万人 [EB/OL] (2021-11-01) [2024-08-28]. https://www.sznews.com/news/content/2021-11/01/content_24692752.htm.

[41] 深圳市人民政府国有资产监督管理委员会 .《中国创新人才指数 2023》报告发布 [EB/OL] (2023-11-28) [2024-08-28]. http://gzw.sz.gov.cn/gkmlpt/content/11/11009/post_11009398.html#1907.

[42] 深圳政府在线 . 龙华智库人才培养模式入选全国典型案例 [EB/OL] (2024-01-17) [2024-08-28]. https://www.sz.gov.cn/cn/xxgk/zfxxgj/gqdt/content/post_11105617.html.

[43] 深圳晚报 . 深圳稳居人才吸引力城市第三 [EB/OL] (2024-06-28) [2024-08-28]. http://wb.sznews.com/PC/layout/202406/28/node_A03.html#content_3227204.

[44] 深圳政府在线 . 深圳出台《关于实施更加积极更加开放更加有效的人才政策 促进人才高质量发展的意见》[EB/OL] (2023-11-01) [2024-08-28]. https://www.sz.gov.cn/cn/xxgk/zfxxgj/zwdt/content/post_10925624.html.

[45] 崔宏轶，潘梦启，张超．基于主成分分析法的深圳科技创新人才发展环境评析 [J]. 科技进步与对策，2020，37(07)：35-42.

[46] 深圳特区报．"在深圳，日子越过越有奔头！"公平开放就业环境吸引四方人才 [EB/OL]. (2024-03-07) [2024-08-28]. https://baijiahao. baidu.com/s?id=1792802100197621954&wfr=spider&for=pc.

[47] 深才轩．深圳：打造全球创新人才向往之城 [N]. 中国组织人事报，2022-12-23(003).

[48] 杨丽萍．让科技人才潜心创新放手去干 [N]. 深圳特区报，2024-05-05(A01).

[49] 苏州市人力资源和社会保障局．《苏州市留学人员创业园管理办法》出 台！ [EB/OL]. (2023-08-01) [2024-08-28]. http://hrss.suzhou. gov.cn/jsszhrss/gsggv/202308/761ba3f5edf444988318d8210696384f. shtml.

[50] 苏州市人力资源和社会保障局．国字号占全省 4 成！留创园助力苏州打造归国人才首选城市 [EB/OL]. (2022-08-02) [2024-08-28]. http:// hrss.suzhou.gov.cn/jsszhrss/bjdt/202208/f57a12edd9574cf6ba3fd0e55 97a7a57.shtml.

[51] 苏州市人力资源和社会保障局．2024 年（第十六届）苏州国际精英创业周分项活动策划方案征集公告 [EB/OL]. (2024-02-20) [2024-08-28]. http://hrss.suzhou.gov.cn/jsszhrss/gsggv/202402/5d4b27e4778147 bf846c9f14af98ef84.shtml.

[52] 苏州市人力资源和社会保障局．2023 年（第十五届）苏州国际精英创业周基本概况 [EB/OL]. (2024-02-04) [2024-08-28]. http://hrss. suzhou.gov.cn/jsszhrss/gsggv/202402/262dc54cc0864c2cbdef7fbc95

3c5180.shtml.

[53] 苏州市人力资源和社会保障局. 技能人才培育"组合拳"助力跨境电商产业跑出"加速度"[EB/OL]. (2024-04-13) [2024-08-28]. http://hrss.suzhou.gov.cn/jsszhrss/zxdt/202404/490a319d6b8642879609810db359c752.shtml.

[54] 苏州市人民政府. "就在苏州·留在苏州"校园招聘线路发布 [EB/OL]. (2024-03-08) [2024-08-28]. https://www.suzhou.gov.cn/szsrmzf/szyw/202403/d729ba0bd39a4c3abfecb72466cddee5.shtml.

[55] 苏州市人力资源和社会保障局. 春季"校园苏州日"火热进行中！收到 offer 后就业配套服务快收藏 [EB/OL]. (2024-04-15) [2024-08-28]. http://hrss.suzhou.gov.cn/jsszhrss/zxdt/202404/862f017badbe472b92240390b3237cb4.shtml.

[56] 苏州市人力资源和社会保障局. 最高 15 万元薪酬补贴！2023 年姑苏重点产业紧缺人才计划启动申报！[EB/OL]. (2023-08-31) [2024-08-28]. https://hrss.suzhou.gov.cn/jsszhrss/zxdt/202308/185800b202c8407b8200e663d64ac84e.shtml.

[57] 苏州市人民政府. 姑苏重点产业紧缺人才计划入选人员名单公布 2014 名人才获 1.63 亿元资助 [EB/OL]. (2021-01-05) [2024-08-28]. https://www.suzhou.gov.cn/szsrmzf/szyw/202101/0a3d1988d943417297a2ecd106ce0113.shtml.

[58] 苏州市科学技术局. 申报启动！2023 年度第二批姑苏创新创业领军人才计划来啦！[EB/OL]. (2023-08-05) [2024-08-28]. https://mp.weixin.qq.com/s/nIgUfx1A_wd2VWltGUrTvA.

第 5 章

# 重点行业新质生产力
# 人才指数分析

　　本章针对新能源汽车、大数据、人工智能、新材料、生物医药以及电子/通信/半导体行业这6个重点行业进行了深度的人才分析，旨在评估行业人才现状，洞察人才供需关系，剖析人才载体与吸引维度，以指导行业人才策略优化，促进产业健康快速发展。这些重点行业的从业者以20岁至40岁的中青年人才、本科和硕士学历人才为主，中小型企业和民营企业在这些重点行业中扮演重要的角色。在新质生产力人才指数中表现出色的城市如北京、上海和深圳在这些重点行业的人才指数得分中同样表现良好，其中北京在大数据行业和人工智能行业中更具优势，上海在新能源汽车行业、新材料行业和生物医药行业中领先，而深圳在电子/通信/半导体行业表现更佳。

## 一、新能源汽车行业人才报告

### 1. 新能源汽车行业简介

　　新能源汽车是指采用非常规的车用燃料作为动力来源或使用常规的车用燃料、采用新型车载动力装置，综合车辆的动力控制和驱动方面的先进技术，形成的技术原理先进，具有新技术、新结构的汽车。新能源汽车行业具有以下特点：

　　（1）资产投入大，回报周期长。新能源汽车行业属于资本密集型、长周期型产业。新能源汽车对技术创新、更新迭代要求较高，需较多的人力投入、研发费用投入，且研发技术实现商业化需较长的周期。

　　（2）核心零部件的研发与车企分离。新兴的新能源汽车制造商普遍采用外采三电等核心零部件的模式，使得核心零部件的研发与车企分离，降低了车企的技术门槛，给予了企业更灵活的发展方向。

在国家双碳政策及"十四五"规划的强力推动下，中国新能源行业蓬勃发展。此外，全球多个国家明确燃油车禁售时间，各大主机厂转产新能源汽车，造车新势力企业积极布局等诸多因素，也助推我国新能源产业实现了量化的爆发式增长。2023 年，中国新能源汽车生产 958.7 万辆，同比增长 35.8%，较 2020 年的 136.6 万辆增长 601.83%，实现了量产的跃进；新能源汽车销售 949.5 万辆，较 2020 年的 136.7 万辆增长 594.59%，消费者的接受度大幅提升。

截至 2024 年 11 月，中国新能源汽车年销量已跨越 1000 万辆大关，并有望在 2025 年前触及新高。新能源汽车与电网的互动、充电设施的智能化、光伏储能集成以及电动汽车参与的微网系统，正逐步从愿景走向现实，汽车领域迎来电动化与智能化的深度融合，这些进步共同为我们描绘出一个更加绿色和谐的出行未来。

## 2. 新能源汽车行业人才总体分布

### （1）年龄分布

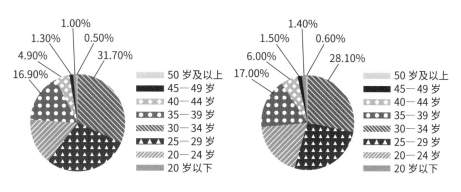

图 5-1　新能源汽车行业
2022 年人才年龄分布

图 5-2　新能源汽车行业
2023 年人才年龄分布

从新能源汽车行业 2022 年和 2023 年的人才年龄分布来看，30—39
岁的从业者占比较高，分别为 48% 和 45.1%，表明这一年龄段的人才是新
能源汽车行业的主力军；20 岁以下的从业者占比在两年间均保持在较低
水平，分别为 1% 和 1.4%，这可能是由于新能源汽车行业对于从业者的技
术能力和专业知识要求较高，而这部分年轻人群可能还处于接受相关教育
或培训的阶段；40 岁及以上的从业者占比从 2022 年的 6.7% 增加到 2023
年的 8.1%，显示出新能源汽车行业对于具有丰富经验和技能的中高龄人
才的需求也在增加。

**（2）性别分布**

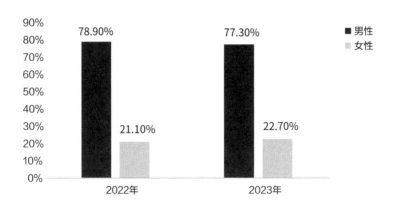

图 5-3  新能源汽车行业 2022—2023 年人才性别分布

男性员工占比从 2022 年的 78.90% 微降至 2023 年的 77.30%，女性员
工的比例则从 21.10% 小幅上升至 22.70%，尽管女性员工在新能源汽车行
业中的比例有所增长，但整体上与男性员工比例仍旧相差较大，这反映了
当前新能源汽车行业尚存在性别比例不平衡的现象。

**（3）学历分布**

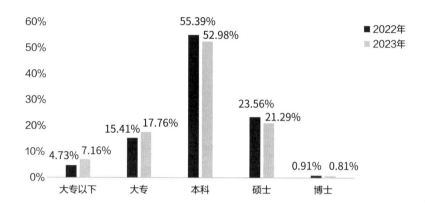

图 5-4 新能源汽车行业 2022—2023 年人才学历分布

　　2023 年新能源汽车行业本科学历人才占据显著比重，占比达到 52.98%，显示出本科学历人才在该行业中的核心地位；硕士学历人才紧随其后，占比达到 21.29%，这体现了新能源汽车行业对高层次专业人才的重视；相较之下，大专学历人才占比 17.76%，而博士学历人才则占比极低，仅为 0.81%。这些数据明确揭示了新能源汽车行业在人才学历结构上的特点，即主要依赖于本科及硕士学历的专业人才，同时也在一定程度上吸纳大专学历的从业者，但对于顶尖科研人才的依赖度相对较低。

## （4）薪酬分布

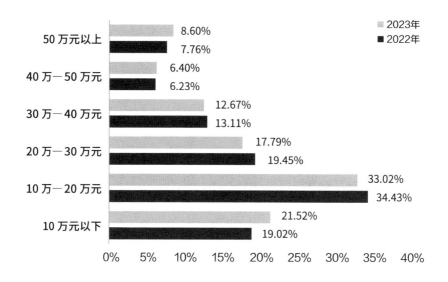

图 5-5　新能源汽车行业 2022—2023 年人才薪酬分布

与 2022 年相比，2023 年新能源汽车行业年薪在 10 万元以下的从业者占比略有上升，但整体上中低收入区间的从业者数量呈现下降趋势，特别是年薪在 10 万—40 万元的从业者占比显著减少；与此同时，在高端薪酬区间，如年薪在 40 万元以上的从业者占比稳中有升，表明新能源汽车行业对高端人才的需求和吸引力不减。综合来看，新能源行业在薪酬分布上呈现出向高端人才倾斜的趋势。

（5）用人单位规模分布

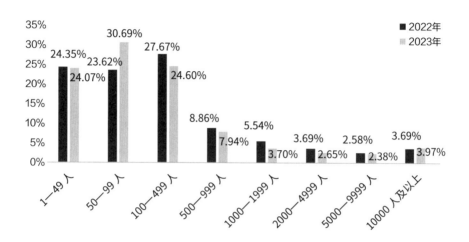

图 5-6　新能源汽车行业 2022—2023 年用人单位规模分布

　　新能源行业的用人单位规模分布展现出多元化的特点。从 2022 年到 2023 年，尽管 1—49 人规模的小型公司占比从 24.35% 降至 24.07%，但 50—99 人规模的公司占比显著增长，从 23.62% 增至 30.69%，这反映出新能源行业在中小企业层面的活跃度提升。同时，100—499 人规模的中型企业依然是行业的中坚力量，占比保持在 25% 左右。大型公司（500 人以上）的占比则相对较小，显示出新能源行业在大型企业层面的发展相对平稳。值得注意的是，10000 人及以上的超大型企业占比在 2023 年略有上升，可能意味着新能源行业中一些领军企业正在扩大规模。

### （6）用人单位类型分布

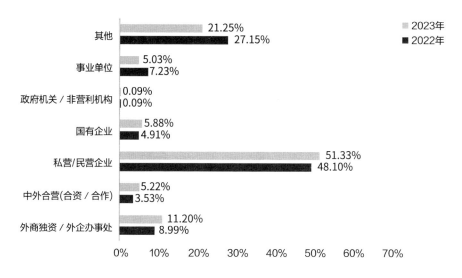

图 5-7　新能源汽车行业 2022—2023 年用人单位类型分布

　　私营／民营企业在新能源汽车行业同样占据主导地位，2022 年占比达到 48.10%，到 2023 年提升至 51.33%，说明私营／民营企业在新能源汽车行业的研发、生产和市场推广中扮演着核心角色。与此同时，外商独资／外企办事处和中外合营（合资／合作）单位在新能源汽车行业中的占比也有所增加，这可能表明外资企业对于新能源汽车领域的兴趣和投资并未减弱。国有企业的市场份额从 2022 年的 4.91% 微增至 2023 年的 5.88%，这可能是由于市场竞争的加剧以及新能源汽车行业的技术更新和产业升级，使得部分上市公司在该领域的竞争力受到挑战。政府机关／非营利机构和事业单位的占比虽然均在较低水平，但它们在政策制定、行业监管和公共服务等方面仍然发挥着重要作用。

## （7）热门职位分布

表 5-1　新能源汽车行业 2022—2023 年热招职位分布

| 序号 | 热招职位名称 | 年份 | | 序号 | 热招职位名称 | 年份 | |
|---|---|---|---|---|---|---|---|
| | | 2022 | 2023 | | | 2022 | 2023 |
| 1 | 汽车电子 / 电器工程师 | 3.66% | 2.36% | 11 | 汽车内外饰工程师 | 1.52% | 1.50% |
| 2 | 汽车研发 / 项目管理 | 3.66% | 2.30% | 12 | 嵌入式软件开发 | 1.40% | 1.34% |
| 3 | 智能网联工程师 | 2.64% | 1.55% | 13 | 算法工程师 | 1.56% | 0.98% |
| 4 | 汽车底盘工程师 | 1.93% | 2.43% | 14 | 汽车售后服务 / 技术支持 | 1.35% | 1.29% |
| 5 | 汽车销售 | 1.80% | 2.58% | 15 | 产品经理 | 1.11% | 1.32% |
| 6 | 汽车质量管理 | 2.11% | 1.84% | 16 | 车身工程师 | 1.38% | 1.05% |
| 7 | 电池工程师 | 1.95% | 1.75% | 17 | 电控工程师 | 1.29% | 0.97% |
| 8 | 工艺 / 制程工程师（PE） | 1.91% | 1.67% | 18 | 硬件工程师 | 1.12% | 1.02% |
| 9 | 汽车设计工程师 | 1.62% | 1.53% | 19 | 生产计划 / 物料管理（PMC） | 1.12% | 0.91% |
| 10 | 汽车动力系统工程师 | 1.59% | 1.54% | 20 | 测试工程师 | 1.02% | 0.91% |

新能源汽车行业多个技术类职位仍然保持着较高的需求。首先，汽车电子 / 电器工程师和汽车研发 / 项目管理类职位的占比有所下降，这可能意味着新能源汽车行业在研发和项目管理方面逐渐趋向成熟，或者相关人才已得到较为充分的配置。而智能网联工程师的职位热度的降低，可能与新能源汽车的智能化技术逐渐标准化和普及化有关。在汽车工程师类别

中，汽车底盘工程师的职位热度在 2023 年略有上升，汽车动力系统工程师和汽车设计工程师的职位热度保持稳定，显示出新能源汽车行业在车辆整体设计和动力系统方面的持续需求。值得注意的是，汽车销售职位的热度在 2023 年有所上升，从 2022 年的 1.80% 增至 2.58%，这可能表明新能源汽车的市场需求正在不断增长，从而推动了销售职位的扩张。在技术开发方面，嵌入式软件开发、硬件工程师等职位虽然占比相对较低，但依然是新能源汽车行业不可或缺的职位，算法工程师的职位热度有所下降，可能与行业内算法技术的逐渐成熟和标准化有关。此外，汽车售后服务 / 技术支持、产品经理等职位也保持了一定的热度，表明新能源汽车行业在售后服务、产品管理等方面也需要专业人才的持续支持。

### 3. 新能源汽车行业人才指数评价

#### （1）指标体系构建

为突出新质生产力重点行业的特征及进一步提高分析结论的针对性，综合数据可得性与指标全面性，本部分基于猎聘网微观招聘数据构建了如下新能源汽车行业新质生产力人才指标体系。

新能源汽车行业人才指标体系主要包括人才供需、人才载体、人才吸引三个一级维度，其中人才供需维度包括职位需求总量、人才供给总量、研究生学历人才供给量、35 岁以下人才供给量共 4 个二级指标；人才载体维度包括 500 人及以上规模企业占比、职位平均年薪 2 个二级指标；人才吸引维度包括人才意向工作地占比、人才投递简历次数 2 个二级指标。完整指标体系构建如表 5-2 所示：

表 5-2 新能源汽车行业人才指标体系（2023 年）

| 一级维度 | 二级指标 |
|---|---|
| 人才供需 | 职位需求总量 |
| | 人才供给总量 |
| | 研究生学历人才供给量 |
| | 35 岁以下人才供给量 |
| 人才载体 | 500 人及以上规模企业占比 |
| | 职位平均年薪 |
| 人才吸引 | 人才意向工作地占比 |
| | 人才投递简历次数 |

## （2）总体得分分析

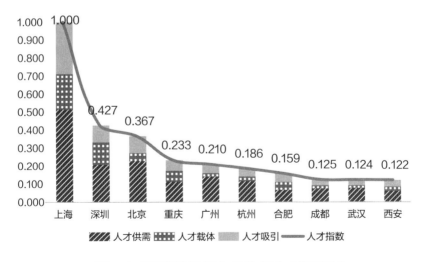

图 5-8 新能源汽车行业 2023 年人才指数得分

首先，从人才指数来看，上海以 1.000 的得分高居榜首，明显领先于其他城市。深圳紧随其后，得分为 0.427，但与上海存在较大差距。北京位列第三，得分为 0.367，与深圳和上海的得分相比也较低。其他城市的得分均在 0.300 以下，显示出其他城市在新能源汽车行业人才指数上的相对落后。

进一步分析人才指数的构成，可以看到人才供需维度得分在人才指数总分中占据较大比重，且在不同城市之间存在较大差异。上海在人才供需维度上的得分高达 0.514，远高于其他城市，这也是其人才指数得分高的主要原因。深圳、北京在人才供需维度上的得分分别为 0.209 和 0.228，略低于上海。在人才载体维度上，上海依然领先，得分为 0.198，这可能与上海在新能源汽车领域的产业链完善、企业集聚以及科研实力较强有关。深圳、北京、重庆等城市的得分相对较低，显示出在它们人才载体方面的不足。在人才吸引维度上，上海得分为 0.288，同样处于领先地位。深圳、北京、广州等城市在人才吸引方面也有一定表现，但得分均低于上海。其他城市的得分则相对较低，显示出在吸引新能源汽车领域人才方面其他城市存在较大挑战。

综合来看，上海在新能源汽车行业的人才指数上占据绝对优势，这得益于其在人才供需、人才载体和人才吸引三个维度上的全面领先。深圳、北京等城市虽然也在逐步加大在新能源汽车领域的投入和发展，但与上海相比仍有较大差距。对于其他城市来说，要想在新能源汽车领域取得更大的突破，就需要进一步加强人才培养、政策支持和产业生态的建设，以吸引更多的人才加入该领域。

### （3）分维度得分分析

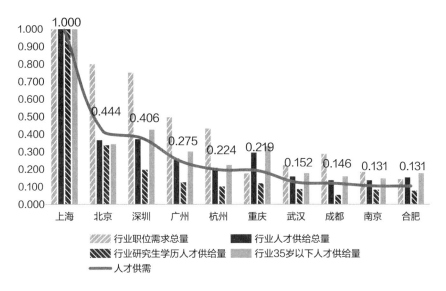

**图 5-9  新能源汽车行业 2023 年人才供需维度得分**

在人才供需维度上，上海占据了绝对的优势。这表明上海在新能源汽车领域的职位需求量大，同时人才供给也足够丰富，能够满足行业的发展需求。北京虽然在职位需求总量方面得分较高，但在人才供给总量方面略显不足，尤其是在研究生学历人才供给量和 35 岁以下人才供给量上，与上海存在明显差距。深圳在该维度上也有不错的表现，但与上海相比，各项指标得分均存在差距。

从职位需求总量来看，上海依然位居第一。北京、深圳和广州也表现出了一定的优势，但与上海相比，仍有明显的差距。重庆、武汉、成都、南京和合肥等城市得分较低，显示出这些城市在新能源汽车领域的市场需求和产业发展上还有待加强。

在人才供给总量方面，上海依然领先。北京和深圳虽然不及上海，但也表现出了一定的实力。广州、杭州、重庆等城市得分较低，反映出这些城市在新能源汽车领域的人才储备相对较少。

在研究生学历人才供给量上，上海依然独占鳌头，北京和深圳得分则相对较低。其他城市在此项指标上的得分普遍较低，反映出这些城市在新能源汽车领域的高端人才储备上相对不足。

在35岁以下人才供给量上，上海依然保持了优异成绩，显示出其在新能源汽车领域对年轻人才的吸引力。北京、深圳、广州、重庆等城市得分均低于上海。杭州、武汉、成都、南京和合肥等城市在吸引和培养年轻人才方面还需要加强。

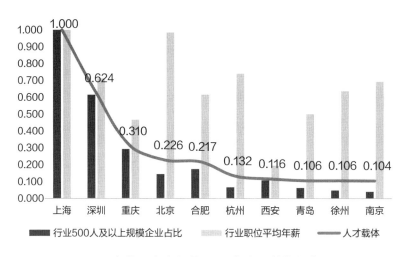

图 5-10 新能源汽车行业 2023 年人才载体维度得分

在人才载体维度上，上海以 1.000 的高分遥遥领先，显示出其高等院校、科研机构和企业等人才载体在新能源领域具有极强的实力和影响力。深圳紧随其后，得分达到 0.624，表明新能源行业在深圳也有较高的集聚度和规模。重庆、北京、合肥等城市在人才载体方面也表现出一定的实力，但得分相对较低，显示出这些城市在新能源领域的人才培养和科研体系尚需进一步完善。

从二级指标得分来看，上海充分展示了其在新能源行业的高度集聚和大型企业的强势存在以及优秀的薪酬待遇。深圳在 500 人及以上规模企业的占比上得分也较高，职位平均年薪得分也处于中等偏上水平，显示出深圳在新能源行业具有一定的竞争力和吸引力。北京虽然在 500 人及以上规模企业的占比上得分相对较低，但其职位平均年薪得分高达 0.984，这反映出北京在新能源汽车领域对人才的重视和投入。重庆、合肥、杭州等城市在 500 人及以上规模企业占比上得分相对较低，但在职位平均年薪方面也有一定的竞争力。西安、青岛、徐州、南京等城市的人才载体维度得分普遍较低，表明这些城市在新能源领域人才培养方面尚需加强，科研体系尚需完善。其中西安虽然在职位平均年薪方面得分较低，仅为 0.195，但考虑其历史文化名城和科研重镇的地位，未来在新能源领域的发展仍值得期待。

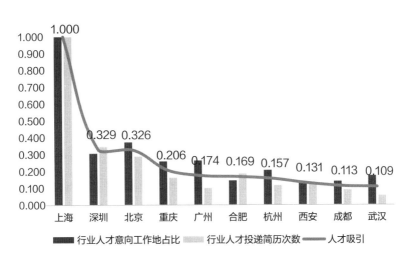

图 5-11　新能源汽车行业 2023 年人才吸引维度得分

　　在人才吸引维度上，上海以全部满分的表现脱颖而出，成为该行业的领军城市。这主要得益于上海在新能源技术研发、产业化应用、政策支持以及人才服务等方面的全面优势。深圳在该维度上也表现出色，虽然整体得分低于上海，但在人才意向工作地占比和人才投递简历次数 2 个二级指标上均获得了较高的分数。北京作为中国的首都和科技创新中心，在新能源行业的人才吸引方面同样具备一定的优势，尽管在人才意向工作地占比和人才投递简历次数 2 个指标上的得分稍逊于上海，但北京在新能源领域的科研实力、政策支持以及人才储备等方面仍然处于全国领先地位。

　　重庆、广州、合肥、杭州等城市在新能源行业的人才吸引方面表现中等偏上，但相较于上海、深圳和北京等城市，其人才吸引力还有待进一步提升。西安、成都、武汉等城市在新能源行业的人才吸引方面得分相对较低，这些城市需要在新能源领域的投入和发展上进一步加大力度，提升城市的综合竞争力，以吸引更多的人才加入。具体而言，这些城市可以通过优化政策环境、加强科研投入、推动产业集聚、提升公共服务水平等方式来提升自身在新能源行业的人才吸引力。

## 二、大数据行业人才报告

### 1. 大数据行业简介

　　大数据是指无法在一定时间内用常规软件工具进行捕捉、管理和处理的数据集合，强调的是从海量、复杂的数据中提取价值，通过高级分析、机器学习、大数据等技术发现数据之间的关联，进而支持决策制定、优化业务流程、预测未来趋势。大数据的应用跨越多个行业，包括但不限于金融、医疗、零售、制造业等，为这些行业带来了前所未有的洞察力和竞争优势。大数据行业具有以下特征：

（1）数据量级庞大、处理速度快。大数据的核心在于处理 PB 乃至 EB 级别的数据集，要求有高度可扩展的存储能力和快速的数据处理能力。

（2）技术密集与跨学科融合。大数据行业结合了计算机科学、统计学、数学、信息管理等多个领域的知识，需要跨学科的专业人才团队。

2022 年我国大数据产业规模达到 1.57 万亿元，同比增长 18%，成为推动数字经济发展的重要力量。预计未来三年保持 15% 以上的年均增速，到 2023 年底产业规模超过 10000 亿元。随着 AI 技术的融入，大数据分析将更加智能化，实时分析能力将显著提升。同时，边缘计算的兴起将推动数据处理更靠近数据源，减少延迟，提高效率。隐私计算、联邦学习等技术的发展也将在促进数据共享与分析的同时保障数据隐私。

## 2. 大数据行业人才总体分布

### （1）年龄分布

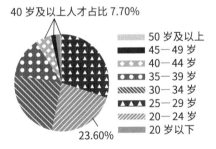

图 5-12　大数据行业 2022 年
人才年龄分布

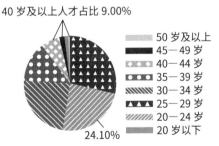

图 5-13　大数据行业 2023 年
人才年龄分布

大数据行业的从业者主要是 20—39 岁的中青年人才，这一群体在 2022 年和 2023 年的占比均超过 80%，其中 25—34 岁是行业的核心力量。

年轻人才（20—24岁）的占比略有上升，整体仍保持稳定，显示出大数据行业对年轻人才的吸引力。同时，中年人才（30—39岁）在行业中扮演重要角色，而40岁及以上的中高龄人才占比也在增加，反映了行业对经验和技能的重视。相比之下，20岁以下和50岁以上的从业者占比较低，可能是因为大数据行业对技术和知识要求较高，需要从业者具备较高的适应性和学习能力。

**（2）性别分布**

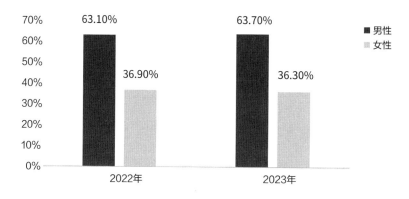

图5-14  大数据行业2022—2023年人才性别分布

大数据行业的性别分布数据显示，从2022年到2023年，男性员工占比从63.10%微增到63.70%，而女性员工的占比则从36.90%略降至36.30%。这表明在大数据行业中，男性员工依然占据多数，且性别比例在两年内基本保持稳定，没有发生显著变化，说明大数据行业在性别平衡方面仍面临挑战。

**（3）学历分布**

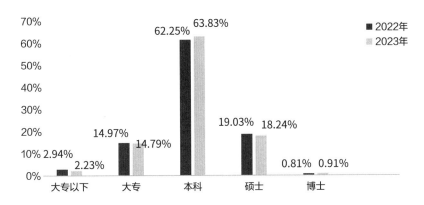

图 5-15　大数据行业 2022—2023 年人才学历分布

　　大数据行业在人才学历分布上，本科学历人才占据绝对主导地位，2023 年占比达 63.83%，显示其在行业中的核心作用。硕士学历人才占比 18.24%，也体现出对高层次专业人才的重视。大专学历人才占比稳定，而大专以下学历占比略有下降，表明行业对学历要求有所提升。博士学历人才占比较小，显示出对顶尖科研人才的需求并不突出。整体而言，大数据行业以本科学历人才为主力，同时辅以一定比例的硕士和大专学历人才，形成了既稳定又富有层次的人才结构。

**（4）薪酬分布**

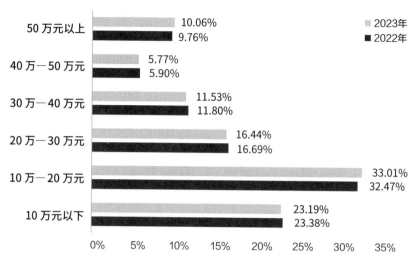

图 5-16  大数据行业 2022—2023 年人才薪酬分布

大数据行业的薪酬分布显示，2022—2023 年，年薪在 10 万元以下的从业者占比有所下降，从 23.38% 降至 23.19%，而年薪在 20 万—40 万元之间的从业者占比也呈现出相似的下降趋势，其中 20 万—30 万元区间下降了 0.25 个百分点，30 万—40 万元区间下降了 0.27 个百分点。这表明大数据行业在薪酬结构上正在向更高层次调整，中低收入水平的从业者占比有所减少。然而，年薪在 40 万元以上的从业者占比相对稳定，40 万—50 万元区间微降 0.13 个百分点，而 50 万元以上区间的占比从 9.76% 微升至 10.06%，这反映了大数据行业对于高端人才的薪酬吸引力仍保持稳定，同时行业内部薪酬差异也保持在一个相对合理的范围内。综合来看，大数据行业的薪酬分布正在逐步优化，中低收入水平从业者数量减少，而高端人才的薪酬水平保持稳定，显示出大数据行业在吸引和留住高层次人才方面的努力。

## （5）用人单位规模分布

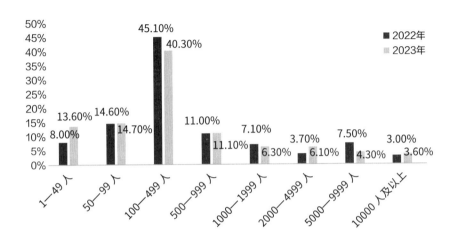

图 5-17　大数据行业 2022—2023 年用人单位规模分布

　　大数据行业的用人单位规模分布显示出了行业发展的动态变化。2022—2023 年，虽然中型公司（100—499 人）的占比从 45.10% 降至 40.30%，但小型公司（1—49 人）的占比显著增长，从 8.00% 增至 13.60%，这反映了大数据行业对于初创公司和小型企业的吸引力增强。同时，50—99 人规模的公司占比保持稳定，表明这一规模的企业也在行业中占据了一定的地位。大型公司（500 人以上）的占比虽然整体不高，但其中 2000—4999 人规模的公司占比从 3.70% 增至 6.10%，可能预示着一些大型企业在大数据领域内的扩张和增长。

**（6）用人单位类型分布**

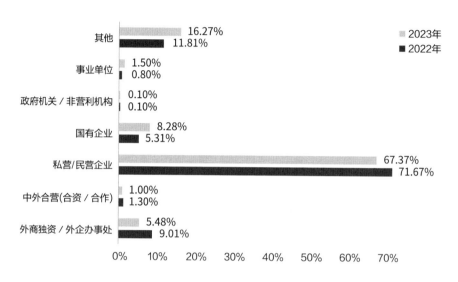

图 5-18　大数据行业 2022—2023 年用人单位类型分布

　　大数据行业在近年来呈现出明显的市场格局变化。私营 / 民营企业在大数据行业中占据了绝对的主导地位，其市场份额从 2022 年的 71.67% 小幅下降至 2023 年的 67.37%，但依然占据超过三分之二的市场份额，显示其在技术研发、应用及市场推广中的核心作用。与此同时，外商独资 / 外企办事处和中外合营（合资 / 合作）单位的市场份额有所下降，可能受到国际环境及市场竞争的影响。国有企业的市场份额从 5.31% 增长至 8.28%，这可能意味着国有资本和国内上市公司在大数据领域的投入和布局正在加强。政府机关 / 非营利机构和事业单位的占比相对较低，但它们在政策制定、行业监管和公共服务方面依然发挥着重要作用。总体来看，大数据行业由私营 / 民营企业主导，但国有企业和国内上市公司的崛起也为行业带来了新的活力。

## （7）热门职位分布

表 5-3  大数据行业 2022—2023 年热招职位分布

| 序号 | 热招职位名称 | 年份 | | 序号 | 热招职位名称 | 年份 | |
|---|---|---|---|---|---|---|---|
| | | 2022 | 2023 | | | 2022 | 2023 |
| 1 | 大客户销售 | 4.13% | 4.47% | 11 | 数据分析师 | 1.25% | 1.45% |
| 2 | 销售经理/主管 | 4.19% | 3.90% | 12 | 项目经理/主管 | 1.32% | 1.01% |
| 3 | Java | 4.33% | 3.00% | 13 | 销售代表 | 1.08% | 1.08% |
| 4 | 产品经理 | 3.57% | 3.26% | 14 | 架构师 | 1.05% | 0.76% |
| 5 | 售前技术支持 | 2.61% | 1.95% | 15 | C++ | 1.14% | 0.72% |
| 6 | 解决方案 | 2.19% | 2.05% | 16 | 测试工程师 | 1.01% | 0.87% |
| 7 | 运维工程师 | 2.12% | 2.15% | 17 | HRVP/CHO | 0.01% | 0.03% |
| 8 | 销售总监 | 1.96% | 1.83% | 18 | 商务经理/主管 | 1.06% | 0.76% |
| 9 | WEB 前端开发 | 2.36% | 1.39% | 19 | 行政专员/助理 | 0.66% | 1.31% |
| 10 | 算法工程师 | 1.35% | 1.26% | 20 | 大数据开发工程师 | 0.87% | 0.81% |

由表 5-3 可知大数据行业的职位需求趋势。从销售和市场类职位来看，大数据行业的需求持续上升。大客户销售职位占比由 4.13% 增长至 4.47%，表明大数据技术在商业应用方面的需求正在不断增加，企业对于能够推动数据销售的人才有着强烈的需求。在技术类职位中，Java 和 C++ 等传统编程语言的职位占比有所下降，分别从 4.33% 和 1.14% 降至 3.00% 和 0.72%，这可能反映了大数据行业对于新技术和编程语言的需求变化。

与此同时，大数据开发工程师的职位占比保持稳定，在 0.8% 左右，这表明大数据开发依然是该行业的核心需求之一。

在数据分析方面，数据分析师的职位占比从 1.25% 增长至 1.45%，显示出大数据行业对于数据分析能力的重视。此外，产品经理的职位占比也保持稳定，在 3.3% 左右，这表明在大数据项目中，产品管理和用户体验的重要性并未减弱。在技术支持和解决方案方面，售前技术支持和解决方案的职位占比略有下降，但仍保持一定比重，这些职位在为客户提供技术支持、制定解决方案等方面发挥着重要作用。最后，从人力资源和行政管理类职位来看，行政专员 / 助理的职位占比有所上升，而 HRVP/CHO 等高级管理职位的占比虽然较低，但也有所增长，显示出大数据行业对于高级管理人才的需求。

### 3. 大数据行业人才指数评价

#### （1）指标体系构建

为突出新质生产力重点行业的特征及进一步提高分析结论的针对性，综合数据可得性与指标全面性，本部分基于猎聘网微观招聘数据构建了如下大数据行业新质生产力人才指标体系。

大数据行业人才指标体系主要包括人才供需、人才载体、人才吸引 3 个一级维度，其中人才供需维度包括职位需求总量、人才供给总量、研究生学历人才供给量、35 岁以下人才供给量共 4 个二级指标；人才载体维度包括 500 人及以上规模企业占比、职位平均年薪 2 个二级指标；人才吸引维度包括人才意向工作地占比、人才投递简历次数 2 个二级指标。完整指标体系构建如表 5-4 所示：

表 5-4  大数据行业人才指标评价体系（2023 年）

| 一级维度 | 二级指标 |
|---|---|
| 人才供需 | 职位需求总量 |
| | 人才供给总量 |
| | 研究生学历人才供给量 |
| | 35 岁以下人才供给量 |
| 人才载体 | 500 人及以上规模企业占比 |
| | 职位平均年薪 |
| 人才吸引 | 人才意向工作地占比 |
| | 人才投递简历次数 |

## （2）总体得分分析

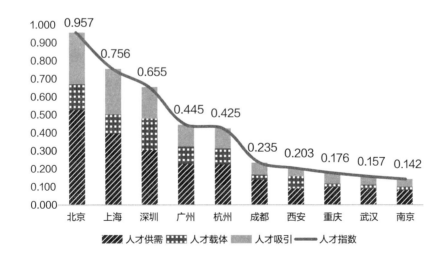

图 5-19  大数据行业 2023 年人才指数得分

从人才指数总体来看，北京以 0.957 的得分高居榜首，显著领先于其他城市，上海紧随其后，得分为 0.756，而深圳则以 0.655 的得分位列第三。这三个城市在大数据领域的人才指数上形成了明显的第一梯队。广州、杭州等城市的人才指数得分虽然也达到了一定的水平，但与前三者相比还有较大的差距。其他城市如成都、西安、重庆、武汉和南京的得分则相对较低，在大数据行业的人才指数上相对落后。

进一步分析人才指数的构成，可以发现人才供需维度得分在人才指数得分中占据较大比重。北京在人才供需维度上的得分高达 0.527，远高于其他城市，这也是其人才指数得分高的主要原因。在人才载体维度上，深圳的得分相对较高，达到了 0.174，显示出深圳在大数据领域的产业链完善、企业集聚以及科研实力方面有着较强的优势。在人才吸引维度上，北京依然保持领先地位，得分为 0.286。上海、深圳、广州和杭州在人才吸引方面也有一定表现，但得分均低于北京。其他城市的得分相对较低，显示出在吸引大数据领域人才方面存在较大挑战。

综合来看，北京在大数据行业的人才指数上占据绝对优势，这得益于其在人才供需和人才吸引维度上的领先。上海和深圳作为一线城市，在大数据领域也有着较强的人才吸引力和发展潜力。其他城市在大数据领域的人才发展上虽然与北京、上海、深圳还存在一定差距，但也应结合自身实际情况，发挥自身优势，加强人才培养、政策支持和产业生态的建设，以吸引更多的人才加入该领域。

**（3）分维度得分分析**

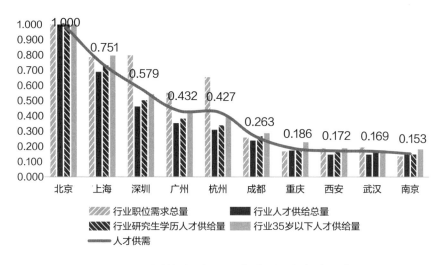

图 5-20 大数据行业 2023 年人才供需维度得分

在大数据行业的人才供需维度，北京以全满分的成绩遥遥领先，体现了其在该领域的强大吸引力和人才储备能力。上海紧随其后，但相较于北京仍有一定差距。深圳、广州和杭州等城市在大数据领域的人才供需方面也表现不俗，但与北京、上海两地相比，各项得分普遍有差距。

具体来看，北京在职位需求总量、人才供给总量、研究生学历人才供给量以及 35 岁以下人才供给量方面均获得满分，显示出其在大数据领域人才供需的均衡与活力。上海在各项指标上也表现出色，尤其是在人才供给总量和 35 岁以下人才供给量上得分较高。深圳作为中国的经济特区之一，在大数据领域的人才供需上也表现出较强的实力。广州和杭州整体得分略低于深圳。成都、重庆、西安、武汉和南京在大数据行业的人才供需上则呈现出不同程度的不足，这些城市在各项指标上的得分普遍较低，显示出在大数据领域的人才储备和市场需求上还有待加强，但也展现出了一定的发展潜力，尤其是在年轻人才供给方面，为未来大数据行业的发展提供了可能。

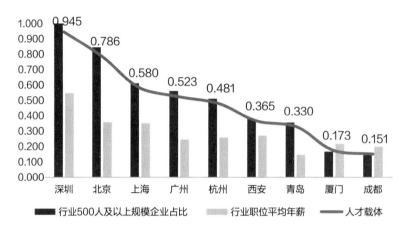

图 5-21 大数据行业 2023 年人才载体维度得分

在人才载体方面，深圳以 0.945 的高分位列第一，显示出深圳人才载体在大数据领域具有较强的实力和影响力。深圳的高等院校、科研机构和企业等人才载体均表现出色，尤其在 500 人及以上规模企业的占比上得到满分，且职位平均年薪也接近满分。北京紧随其后，以 0.786 的得分位居第二，上海以 0.580 的得分位列第三。广州、杭州、西安在大数据行业的人才载体方面也有一定的表现，但得分相对较低。这些城市在大数据领域的发展还需进一步加强，特别是在 500 人及以上规模企业的占比和职位平均年薪方面，需要提升竞争力。青岛、厦门、成都在大数据行业的人才载体得分普遍较低，表明这些城市尚需加强大数据领域的人才培养，完善科研体系。

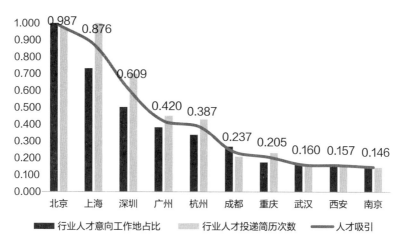

图 5-22　大数据行业 2023 年人才吸引维度得分

　　在人才吸引维度上，北京以接近满分的成绩位居榜首，在人才意向工作地占比和人才投递简历次数 2 个二级指标上均获得了高分，显示出其在大数据领域的强大人才吸引力。上海紧随其后，在大数据行业的人才吸引方面同样表现出色。尽管上海在人才意向工作地占比的得分上略低于北京，但上海在人才投递简历次数上获得了满分，显示出上海在大数据领域的人才储备和吸引力方面十分强大。深圳在大数据行业的人才吸引方面表现中等偏上，作为科技创新之都，深圳拥有众多优秀的科技企业和创新人才，为大数据行业的发展提供了重要支撑。

　　广州、杭州和成都在大数据行业的人才吸引方面表现中等，这些城市在大数据领域也具备一定的实力和潜力，但相较于北京和上海等城市，其人才吸引力还有待进一步提升。重庆、武汉、西安和南京在大数据行业的人才吸引方面得分相对较低，需要进一步加强在大数据领域的投入和发展，提升城市的综合竞争力，以吸引更多大数据领域人才的加入。这些城市可以通过加强人才培养、引进优秀企业、优化公共服务等方式来提升自身在大数据行业的人才吸引力。

# 三、人工智能行业人才报告

## 1. 人工智能行业简介

人工智能是研究和开发用于模拟、延伸和扩展人的智能的理论、方法、技术及应用系统的一门新的技术科学。它综合了计算机科学、数学、生理学、哲学等多个学科的内容。人工智能行业具备以下特征：

（1）技术创新：人工智能行业技术发展迅速，不断推出新的技术和应用。

（2）跨学科性：人工智能综合了计算机科学、数学、生理学、哲学等多个学科的内容。

（3）应用广泛：人工智能的应用领域不断扩大，渗透到各个领域。

人工智能产业链主要包括 3 个核心环节：基础技术、人工智能技术和人工智能应用。基础技术包括数据平台、数据存储以及数据挖掘等，主要依赖于大数据管理和云计算技术。人工智能技术则包括语音识别、自然语言处理、图像识别和生物识别等，是人工智能产业链中的技术层。最后，人工智能应用涵盖了工业 4.0、无人驾驶汽车、智能家居、智能金融、智慧医疗、智能营销、智能教育以及智能农业等多个领域。

根据《中国新一代人工智能科技产业发展报告 2024》，2023 年，我国人工智能核心产业规模达 5784 亿元，增速达 13.9%。人工智能企业数量超过 4400 家，全球排名第二。

## 2.　人工智能行业人才总体分布

### （1）年龄分布

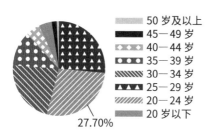

图 5-23　人工智能行业 2022 年
人才年龄分布

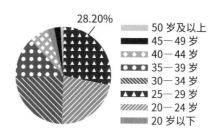

图 5-24　人工智能行业 2023 年
人才年龄分布

人工智能行业 2022 年及 2023 年人才主要集中于 20—39 岁群体中，占比达到 88%。其中 2022 年 20—24 岁群体占比最高，达到 27.70%；2023 年 25—29 岁人才占比最高，达到 28.20%，说明人工智能行业人才整体集中在一个比较年轻的水平上；40 岁及以上群体占比较低，可能是因为人工智能作为一个新兴行业，其技术和知识更新速度较快，年轻员工在体力和精力上也更具优势，能够更好地适应高强度的工作节奏。

### （2）性别分布

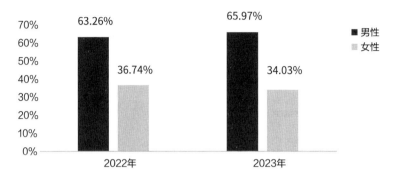

图 5-25    人工智能行业 2022—2023 年人才性别分布

2022—2023 年，人工智能行业中男性占比高于女性，且在绝对人数上几乎达到女性数量的 2 倍，并且男性员工占比在 2023 年仍有微弱增长。这可能与多种因素有关，如行业特性、社会期望等。这种性别比例的不平衡也可能对行业的多样性和创新性产生一定的影响。

### （3）学历分布

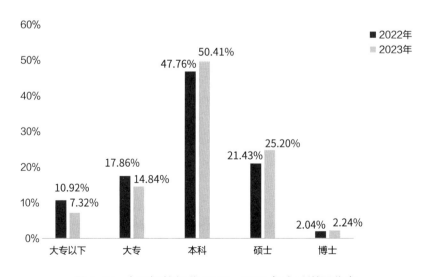

图 5-26    人工智能行业 2022—2023 年人才学历分布

2022—2023 年人工智能行业中人才学历水平主要集中于本科及以上学历中，其中本科学历占比较大，2023 年达到 50.41%，显示出本科学历人才在该行业中的基础性作用；更高学历水平的硕士和博士占比也分别达到 25.20% 和 2.24%，这反映了人工智能行业对高素质人才的需求和重视；就 2022 年至 2023 年的变化来看，人才学历水平向更高的方向聚集，2023 年平均学历水平高于 2022 年，这种趋势表明，随着人工智能技术的不断发展和应用，对行业人才的专业素质和学历要求也在不断提高。

**（4）薪酬分布**

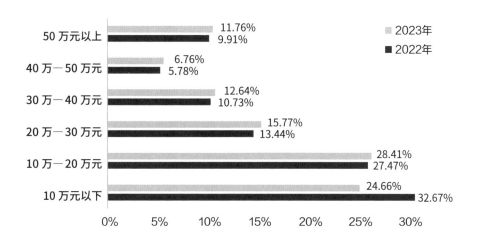

**图 5-27　人工智能行业 2022—2023 年人才薪酬分布**

人工智能行业整体薪酬处于较高水平，其中超过三分之一的从业者能够拿到 20 万元及以上水平的年薪，已经高于北京市平均工资水平，并且这一占比从 2022 年的 39.86% 上升到 2023 年的 46.93%，说明人工智能行业的人才薪酬水平整体呈现上升趋势；这也同样表现在各个薪酬区间内，除了 10 万元以下的薪酬占比有所下降外，其他所有薪酬区间的占比都有所增加或保持稳定，50 万元以上薪酬的人才占比从 2022 年的 9.91% 上升到 2023 年的 11.76%，表明了人工智能行业对高端人才的重视和吸引。

### （5）用人单位规模分布

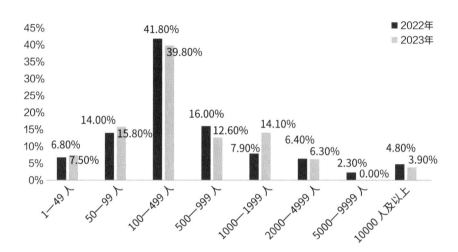

图 5-28　人工智能行业 2022—2023 年用人单位规模分布

人工智能行业的用人单位规模分布呈现出多样化、均衡化的特点。人工智能行业用人单位规模主要集中在 100—499 人这一水平上，2022 年占比达到 41.80%，1—49 人和 2000 人及以上规模的用人单位占比都很小，2023 年仅分别占 7.50% 和 10.20%，这种集中趋势可能源于中型企业在技术创新、市场响应速度以及资源配置上的优势；相较于 2022 年，2023 年有更多的小型公司进入人工智能领域，这可能与行业门槛的降低、创业环境的优化以及小型公司灵活、创新的特点有关。

**（6）用人单位类型分布**

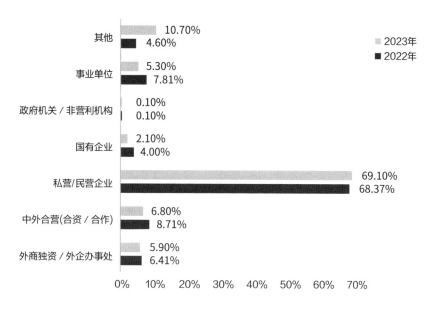

图 5-29　人工智能行业 2022—2023 年用人单位类型分布

私营 / 民营企业在人工智能行业中占据了绝对的主体地位，2022 年的占比达到 68.37%，到了 2023 年增长至 69.10%，说明私营 / 民营企业在推动人工智能技术创新和市场应用方面发挥着至关重要的作用；外商独资 / 外企办事处与中外合营（合资 / 合作）这两类单位在 2022 年的占比分别为 6.41% 和 8.71%，但在 2023 年的占比有所下降，可能是国际环境的不确定性和市场竞争的加剧使得外资企业在人工智能领域的投资和发展策略趋于保守。政府机关 / 非营利机构的占比较低，保持在 0.10% 的水平，而事业单位的占比从 2022 年的 7.81% 下降至 2023 年的 5.30%，这可能反映了事业单位在人工智能领域的投入和关注程度有所下降。

### （7）热门职位分布

表 5-5　人工智能行业 2022—2023 年热招职位分布

| 序号 | 热招职位名称 | 年份 | | 序号 | 热招职位名称 | 年份 | |
|---|---|---|---|---|---|---|---|
| | | 2022 | 2023 | | | 2022 | 2023 |
| 1 | 算法工程师 | 7.63% | 6.21% | 11 | 售前技术支持 | 1.34% | 1.37% |
| 2 | C++ | 3.74% | 2.02% | 12 | 测试工程师 | 1.58% | 0.99% |
| 3 | 销售经理/主管 | 2.33% | 3.33% | 13 | 解决方案 | 1.25% | 1.38% |
| 4 | 产品经理 | 2.79% | 2.47% | 14 | WEB 前端开发 | 1.59% | 0.90% |
| 5 | 嵌入式软件开发 | 2.57% | 1.92% | 15 | 项目经理/主管 | 1.19% | 1.23% |
| 6 | 大客户销售 | 1.99% | 2.53% | 16 | 图像算法 | 1.26% | 0.76% |
| 7 | Java | 2.06% | 1.43% | 17 | 科研人员 | 1.11% | 0.95% |
| 8 | 硬件工程师 | 1.58% | 1.29% | 18 | 区域销售经理/主管 | 0.93% | 1.17% |
| 9 | 销售总监 | 1.18% | 1.67% | 19 | 架构师 | 1.05% | 0.76% |
| 10 | 智能网联工程师 | 1.39% | 1.29% | 20 | 深度学习 | 1.09% | 0.74% |

人工智能行业中，算法工程师是最为热门的职位之一，2023 年占比高达 6.21%，表明算法在人工智能领域中依然扮演着核心角色；在编程语言方面，C++ 和 Java 的职位热度相对较低，2023 年仅分别占 2.02% 和 1.43%，这可能与行业内对于其他编程语言（如 Python）的需求增加有关；销售经理/主管和大客户销售的职位热度较高，2023 年分别占比 3.33% 和 2.53%，反映出人工智能技术的商业应用正在不断扩展；产品经理的职位

热度保持稳定，占比 2.47%，表明在人工智能项目中，产品管理和用户体验的重要性并未减弱。

在技术开发方面，嵌入式软件开发、硬件工程师、智能网联工程师等职位的占比相对较低，但仍然是行业内不可或缺的职位。此外，售前技术支持、测试工程师、解决方案、WEB 前端开发等职位在人工智能项目的开发和实施中扮演着重要角色；图像算法、科研人员、架构师和深度学习等职位占比虽然相对较低，但反映了行业内对于更加深入和专业的技能和经验的需求。

### 3. 人工智能行业人才指数评价

#### （1）指标体系构建

为突出新质生产力重点行业的特征及进一步提高分析结论的针对性，综合数据可得性与指标全面性，本部分基于猎聘网微观招聘数据构建了如下人工智能行业新质生产力人才指标体系。

人工智能行业人才指标体系主要包括人才供需、人才载体、人才吸引三个一级维度，其中人才供需维度包括职位需求总量、人才供给总量、研究生学历人才供给量、35 岁以下人才供给量共 4 个二级指标；人才载体维度包括 500 人及以上规模企业占比、职位平均年薪 2 个二级指标；人才吸引维度包括人才意向工作地占比、人才投递简历次数 2 个二级指标。完整指标体系构建如表 5-6 所示：

表 5-6    人工智能行业人才指标评价体系（2023 年）

| 一级维度 | 二级指标 |
| --- | --- |
| 人才供需 | 职位需求总量 |
| | 人才供给总量 |
| | 研究生学历人才供给量 |
| | 35 岁以下人才供给量 |
| 人才载体 | 500 人及以上规模企业占比 |
| | 职位平均年薪 |
| 人才吸引 | 人才意向工作地占比 |
| | 人才投递简历次数 |

## （2）总体得分分析

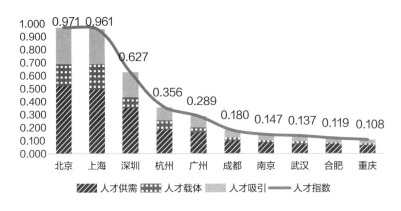

图 5-30    人工智能行业 2023 年人才指数得分

北京作为我国的政治中心，上海作为我国的经济中心，在人工智能行业 2023 年人才指数得分中占据绝对优势，得分分别为 0.971 与 0.961，均接近满分，起到了良好的引领示范作用；深圳得分为 0.627，与北京、上海有一定差距，但大幅领先于杭州等其他城市；杭州与广州的得分较为接近；成都、南京、武汉、合肥及重庆 5 个城市的人才指数得分没有表现出明显差异。

从人才指数得分的构成来看，人才供需维度得分大幅高于人才载体与人才吸引 2 个维度的得分，在较大程度上决定了城市人才指数的总分。人才供需维度的优势也是北京与上海两地在人才指数得分中占据绝对优势的主要原因。

总体来看，北京和上海在人工智能领域的人才指数得分较高，这得益于两地丰富的教育资源、科研实力和企业集聚效应。深圳、杭州和广州等城市也在逐步加大在人工智能领域的投入和发展，成为新的增长点。对于其他城市来说，要想在人工智能领域取得更大的突破，需要进一步加强人才培养、政策支持和产业生态的建设。

**（3）分维度得分分析**

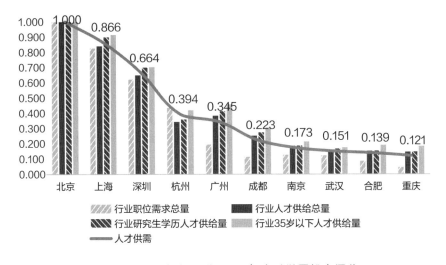

图 5-31　人工智能行业 2023 年人才供需维度得分

在人才供需维度上，北京以满分的成绩遥遥领先，这体现了北京在人工智能领域对人才的巨大需求和吸引力；上海、深圳在人才供需方面也表现出色，得分均超过 0.6；其他城市在人才供需方面的得分相对较低。

从二级指标得分来看，北京在职位需求总量、人才供给总量、研究生学历人才供给量以及 35 岁以下人才供给量指标得分均达到了满分，是全国最优，显示出其人才供需的均衡与活力；上海紧随其后，研究生学历人才和 35 岁以下人才供给量相比于其他城市均具有优势；与北京和上海相比，深圳各项指标数值略低，但在 35 岁以下人才供给量方面依然保持了较高的水平，这为其在人工智能领域的发展提供了有力支持；杭州人才供给总量得分低于职位需求总量得分，但在 35 岁以下人才供给量方面表现较好；广州在职位需求总量上得分相对较低，成都、南京、武汉、合肥和重庆在各项指标上的得分均较低，显示出在人才供需上的不足，但也显示出一定的发展潜力，尤其是在 35 岁以下人才供给量方面，为未来的人工智能行业发展提供了可能。

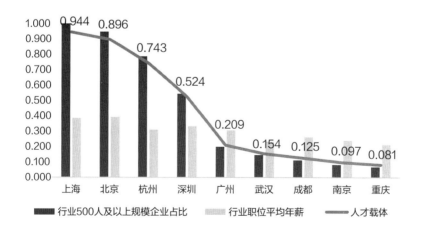

图 5-32  人工智能行业 2023 年人才载体维度得分

　　在人才载体维度上，上海和北京分别以 0.944 和 0.896 的高分位列前两名，这表明两地的高等院校、科研机构和企业等人才载体在人工智能领域具有较强的实力和影响力；杭州、深圳在人才载体方面也表现出色，得分均超过 0.5，显示出这些城市在人工智能领域拥有较为完善的人才培养和科研体系；其他城市在人才载体方面的得分相对较低，缺乏明显的竞争优势。不同城市间人才载体得分的差异主要来源于 500 人及以上规模企业占比得分的差异，职位平均年薪在各城市间没有表现出太大差距。

　　从二级指标得分来看，上海在 500 人及以上规模企业的占比上得分达到满分，显示出行业的高度集聚和大型企业的强势存在，同时，职位平均年薪得分 0.385 也处于较高水平；北京在 500 人及以上规模企业的占比上得分仅次于上海，达到 0.947，同时，其职位平均年薪得分为 0.391，略高于上海，进一步提升了其对人才的吸引力；杭州在 500 人及以上规模企业得分达到了 0.786，处于较高水平，职位平均年薪得分 0.310 也具有一定的竞争力；深圳在 500 人及以上规模企业占比上得分较低，说明深圳人工智能行业的企业规模相对较小，但其职位平均年薪得分略高于杭州，在薪酬方面有一定的竞争力；广州、武汉、成都、南京、重庆这些城市在 500 人及以上规模企业占比上得分相对较低，在职位平均年薪方面也普遍低于上海、北京和深圳。

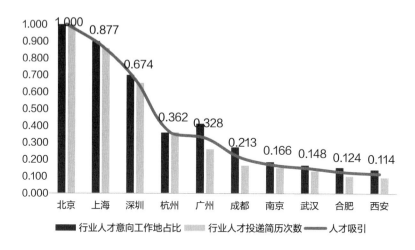

图 5-33　人工智能行业 2023 年人才吸引维度得分

　　在人才吸引维度上，北京同样以满分的成绩位居榜首，这得益于其丰富的教育资源、科研实力、企业集聚效应以及良好的生活环境等因素；上海和深圳在人才吸引方面也表现出色，得分超过 0.6，显示出它们在人工智能领域对人才的强大吸引力；其他城市在人才吸引方面的得分相对较低，需要进一步通过优化政策环境、提升公共服务水平等方式努力提升地区在人工智能领域的人才吸引力。其中，杭州作为"互联网＋"的先行示范区，在人才吸引维度上表现中等偏上，电子商务、云计算和大数据等领域的快速发展为人才提供了丰富的就业机会；广州、成都、南京、武汉、合肥、西安在人才吸引维度上得分相对较低，需要进一步加强在人工智能领域的投入和发展，提升城市的综合竞争力，以吸引更多的人才加入。

　　从二级指标得分来看，北京作为首都，在人才吸引维度上得分最高，无论是人才意向工作地的占比得分还是人才投递简历次数的得分，北京都达到了满分，这主要得益于北京作为一线城市的经济实力、科技资源和丰

富的就业机会；上海紧随其后，得分也相当高，人才意向工作地的占比得
分达到了 0.900，同时人才投递简历次数得分也达到了 0.860；深圳对人才
同样有较强的吸引力，人才投递简历次数得分达到了 0.653，进一步验证
了深圳作为科技创新之都的吸引力。

## 四、新材料行业人才报告

### 1. 新材料行业简介

新材料是指使用物理研究、材料设计、材料加工、试验评价等一系
列研究方法，生产加工或合成出的具备优于传统材料性能的新型材料。在
新材料行业的产业链中，上游主要涉及原材料供应，包括钢铁材料、有色
金属材料、化工材料、建筑材料、纺织材料等，是新材料研发和生产的基
础；中游是新材料行业的核心部分，主要涉及对原材料进行加工、合成、
改性、复合等处理，从而生产出具有特定性能和用途的新材料；下游是
新材料的应用领域，主要包括电子信息、新能源汽车、节能环保、医疗器
械、航空航天、纺织机械、建筑化工、家电等行业，新材料在这些领域中
的应用，不仅推动了技术进步和产品性能的提升，也促进了产业结构的优
化和升级。

近年来，新材料国产化崛起，国产替代和制造业技术迭代升级带来
的新增需求有望带动新材料行业不断打开增长空间，在发展新一代信息技
术、高端装备制造、新能源和新能源汽车等战略性新兴产业中发挥着至关
重要的作用，发展新材料产业被提升到国家战略安全高度，产业发展绿色
化趋势明显。随着科技的不断进步和产业升级的加速推进，新材料行业将
迎来更加广阔的发展前景。

## 2. 新材料行业人才总体分布

### （1）年龄分布

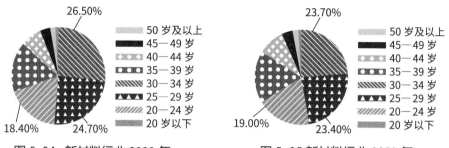

图 5-34 新材料行业 2022 年
人才年龄分布

图 5-35 新材料行业 2023 年
人才年龄分布

可以看出，新材料行业以中青年人才为主。在 2022 年和 2023 年，25—29 岁和 30—34 岁两个年龄段的从业者占比均超过 20%，显示出这两个年龄段是新材料行业的核心力量。与此同时，20—24 岁的年轻人才占比也有所增加，显示出新材料行业对年轻人才的吸引力。20 岁以下和 50 岁及以上的从业者占比较低，可能是因为新材料行业对技术和知识要求较高，需要从业者具备较高的知识技术水平、适应性和学习能力。

（2）性别分布

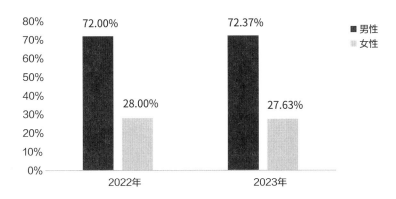

图 5-36　新材料行业 2022—2023 年人才性别分布

从 2022 年到 2023 年，新材料行业男性员工占比维持在 72% 左右，女性员工占比维持在 28% 左右。这表明新材料行业中的性别比例基本稳定，并且男性员工的比例较高，女性员工的比例相对较低，说明新材料行业在人才性别方面仍存在一定的不均衡现象。

## （3）学历分布

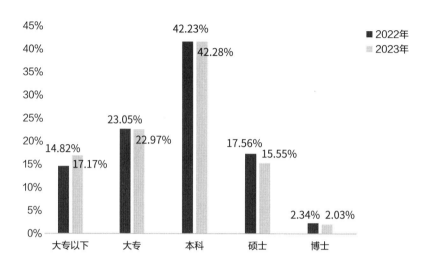

图 5-37  新材料行业 2022—2023 年人才学历分布

在人才学历分布上，新材料行业中本科学历人才占比最大，稳定在42% 左右，构成了行业的核心力量；硕士学历人才占比 2022 年和 2023 年分别达到 17.56% 和 15.55%，体现了新材料行业对高层次专业人才的需求；2023 年大专学历人才占比为 22.97%，也是行业的重要组成部分；大专以下学历人才的占比 2022 年和 2023 年分别为 14.82% 和 17.17%；博士学历人才占比相对较低，维持在 2% 左右。总体来看，新材料行业在人才学历分布上保持了一定的稳定性。

（4）薪酬分布

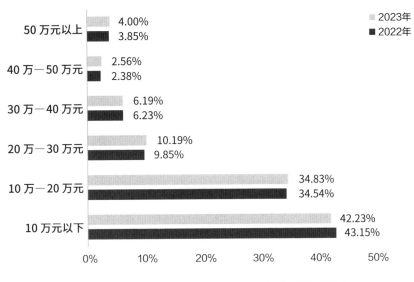

图 5-38　新材料行业 2022—2023 年人才薪酬分布

　　新材料行业的薪酬数据表明，从 2022 年到 2023 年，年薪在 10 万元以下的从业者占比从 43.15% 降至 42.23%，年薪在 10 万—20 万元之间的从业者占比从 34.54% 微升至 34.83%，同时其他年薪区间的占比也基本稳定。这些数据表明新材料行业的薪酬结构整体基本保持稳定，年薪 20 万元及以下的从业者占比达到 70%—80%，是行业的中坚力量。

**（5）用人单位规模分布**

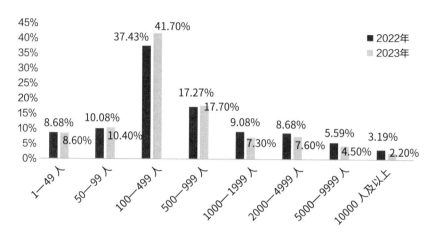

图 5-39    新材料行业 2022—2023 年用人单位规模分布

　　新材料行业的用人单位规模分布显示出了其独特的发展趋势。从
2022 年到 2023 年，100—499 人规模的中型企业占比从 37.43% 增加至
41.70%，显示出中型企业在新材料行业中发挥愈发重要的作用；500—999
人规模的企业占比也保持稳定增长；相反，大型公司（1000 人及以上）
的占比有所下降，特别是 1000—1999 人和 2000—4999 人规模的公司占比
分别下降了 1.78% 和 1.08%；小型公司（1—49 人和 50—99 人）的占比变
化不大，保持稳定。

**（6）用人单位类型分布**

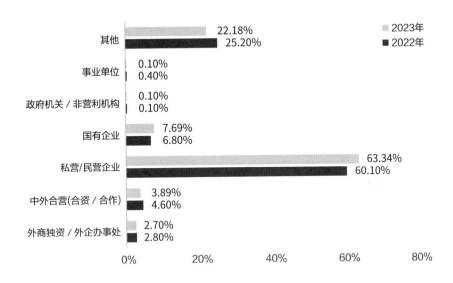

图 5-40　新材料行业 2022—2023 年用人单位类型分布

新材料行业在近年来的市场格局中，展现出了其独特的发展趋势。私营／民营企业持续占据主导地位，市场份额从 2022 年的 60.10% 进一步增至 2023 年的 63.34%，凸显了其在该领域的强劲实力和创新能力；与此同时，外商独资／外企办事处和中外合营（合资／合作）单位的市场份额虽略有下降，但依旧保持着稳定的参与度；国有企业的市场份额也呈现出微增态势，从 6.80% 提升至 7.69%；政府机关／非营利机构和事业单位的占比虽小，但在政策引导、行业规范等方面发挥着重要作用。总体来看，新材料行业以私营／民营企业为主导，同时国有企业和外资企业的参与也为行业带来了新的发展机遇。

（7）热门职位分布

表 5-7 新材料行业 2022—2023 年热招职位分布

| 序号 | 热招职位名称 | 年份 | | 序号 | 热招职位名称 | 年份 | |
|---|---|---|---|---|---|---|---|
| | | 2022 | 2023 | | | 2022 | 2023 |
| 1 | 材料工程师 | 4.13% | 4.47% | 11 | 质量检测员/测试员 | 1.25% | 1.45% |
| 2 | 工艺/制程工程师（PE） | 4.19% | 3.90% | 12 | 采购专员/助理 | 1.32% | 1.01% |
| 3 | 销售经理/主管 | 4.33% | 3.00% | 13 | 化工实验室研究员/技术员 | 1.08% | 1.08% |
| 4 | 化工研发 | 3.57% | 3.26% | 14 | 大客户销售 | 1.05% | 0.76% |
| 5 | 销售工程师 | 2.61% | 1.95% | 15 | 品质管理 | 1.14% | 0.72% |
| 6 | 会计 | 2.19% | 2.05% | 16 | 普工/操作工 | 1.01% | 0.87% |
| 7 | 环境/健康/安全管理 | 2.12% | 2.15% | 17 | 机械工程师 | 0.01% | 0.03% |
| 8 | 财务经理/主管 | 1.96% | 1.83% | 18 | 电气工程师 | 1.06% | 0.76% |
| 9 | 销售代表 | 2.36% | 1.39% | 19 | 生产计划/物料管理（PMC） | 0.66% | 1.31% |
| 10 | 质量管理总监/经理/主管 | 1.35% | 1.26% | 20 | 人力资源经理/主管 | 0.87% | 0.81% |

在新材料行业中，从 2022 年到 2023 年，材料工程师的职位占比从 4.13% 提升到 4.47%，而工艺/制程工程师（PE）的职位占比从 4.19% 微降到 3.90%。在销售和市场方面，销售经理/主管和销售工程师的职位占比均明显降低，大客户销售的职位占比同样略有下降。在研发方面，化工实验室研究员/技术员的职位占比保持不变。在质量管理方面，质量管理

总监／经理／主管的职位占比略有下降。此外，普工／操作工的职位占比同样略有下降。人力资源和行政管理方面，人力资源经理／主管、财务经理／主管和会计的职位占比均略有下降。

### 3. 新材料行业人才指数评价

#### （1）指标体系构建

为突出新质生产力重点行业的特征及进一步提高分析结论的针对性，综合数据可得性与指标全面性，本部分基于猎聘网微观招聘数据构建了如下新材料行业新质生产力人才指标体系。

新材料行业人才指标体系主要包括人才供需、人才载体、人才吸引 3 个一级维度，其中人才供需维度包括职位需求总量、人才供给总量、研究生学历人才供给量、35 岁以下人才供给量共 4 个二级指标；人才载体维度包括 500 人及以上规模企业占比、职位平均年薪 2 个二级指标；人才吸引维度包括人才意向工作地占比、人才投递简历次数 2 个二级指标。完整指标体系构建如表 5-8 所示：

表 5-8 新材料行业人才指标评价体系（2023 年）

| 一级维度 | 二级指标 |
|---|---|
| 人才供需 | 职位需求总量 |
| | 人才供给总量 |
| | 研究生学历人才供给量 |
| | 35 岁以下人才供给量 |
| 人才载体 | 500 人及以上规模企业占比 |

续表

| 一级维度 | 二级指标 |
|---|---|
| 人才载体 | 职位平均年薪 |
| 人才吸引 | 人才意向工作地占比 |
| | 人才投递简历次数 |

## （2）总体得分分析

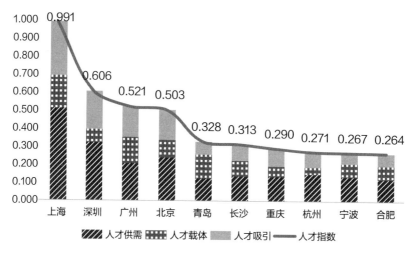

图 5-41　新材料行业 2023 年人才指数得分

从人才指数总体来看，上海以 0.991 的得分高于其他城市，这显示了上海在新材料领域人才发展的优势。深圳以 0.606 的得分紧随其后，广州和北京分别以 0.521 和 0.503 的得分位列第三和第四。这四个城市构成了新材料行业人才指数的第一梯队，显示出了在新材料领域人才发展的较强实力。

进一步分析人才指数的构成，可以看出人才供需维度得分在人才指数总分中占据重要地位。上海在人才供需维度上的得分为 0.511，同样领先于其他城市，而深圳、北京在人才供需维度上得分也较高。在人才载体维度上，上海依然保持领先地位，得分为 0.181，显示出上海在新材料领域的科研实力、企业集聚以及产业链完善等方面具有一定优势。深圳、广州和北京在人才载体维度上的得分也相对较高，说明这些城市在新材料领域也具备一定的科研实力和企业基础。在人才吸引维度上，上海同样以 0.299 的得分领先于其他城市，深圳、广州和北京在人才吸引方面也有一定表现。其他城市在人才吸引维度上的得分相对较低，显示出在吸引新材料领域人才方面还有较大的增长空间。

**（3）分维度得分分析**

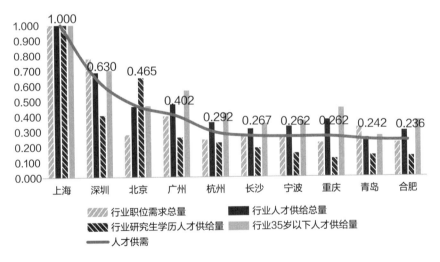

**图 5-42　新材料行业 2023 年人才供需维度得分**

在人才供需维度上，上海在所有二级指标中全部获得满分，显示出其在该领域的强大吸引力和人才储备能力。深圳紧随其后，但与上海相比仍有一定差距。北京和广州等城市也表现不俗，但整体得分仍有一定的提升空间。

具体来看，上海在职位需求总量、人才供给总量、研究生学历人才供给量以及 35 岁以下人才供给量等方面均获得满分，这表明上海在新材料行业拥有充足的市场需求和人才供给，能够持续推动该行业的发展。深圳在人才供给总量上得分较高，但在研究生学历人才供给量上稍显不足。北京在人才供给总量上得分相对较低，但在研究生学历人才供给量上得分相对较高，这表明北京在新材料行业的高端人才储备较为丰富，但整体人才供给可能存在一定的缺口。广州在研究生学历人才供给量上得分相对较低，而在 35 岁以下人才供给量上得分则相对较高。杭州、长沙、宁波、重庆、青岛和合肥在新材料行业的人才供需上呈现出不同程度的不足，这些城市在各项指标上的得分普遍较低，显示出在新材料领域的人才储备和市场需求上还有待加强，但这些城市也展现出了一定的发展潜力，尤其是在 35 岁以下人才供给量方面，为未来新材料行业的发展提供了可能。

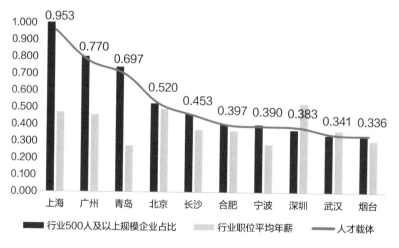

图 5-43 新材料行业 2023 年人才载体维度得分

　　人才载体方面，上海以 0.953 的高分遥遥领先，显示出其在新材料领域具有极强的实力和影响力。广州紧随其后，以 0.770 的得分位列第二。广州在新材料行业也表现出较强的实力，但与上海相比，其 500 人及以上规模企业的占比得分较低，显示出其在新材料行业的大型企业集聚度还有待提高，并且行业职位平均年薪得分处于中等水平。青岛、北京、长沙等城市在新材料行业的人才载体方面也有一定的表现，但得分相对较低。青岛在 500 人及以上规模企业的占比上得分较高，但在行业职位平均年薪方面得分较低，表明其在新材料领域的企业规模较大，但薪酬待遇相对较低。北京和长沙在 500 人及以上规模企业的占比和行业职位平均年薪方面得分均处于中等水平，显示出这些城市在新材料领域的发展还有一定的提升空间。

　　合肥、宁波、深圳、武汉等城市在新材料行业的人才载体维度得分普遍较低，表明这些城市在新材料领域的人才培养和科研体系尚需加强。特别是深圳，作为中国的经济特区之一，其在新材料行业的表现并不突出，可能与该城市在其他高科技产业中的竞争力和投入有关。烟台的得分最低，特别是在 500 人及以上规模企业的占比和行业职位平均年薪方面均得分较低，这表明烟台在新材料行业的发展相对滞后，需要加大投入和培育力度。

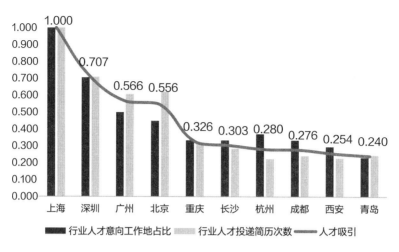

图 5-44 新材料行业 2023 年人才吸引维度得分

　　在人才吸引维度上，上海依然获得满分的成绩，说明了上海在新材料领域的强大人才吸引力。在人才意向工作地占比和人才投递简历次数 2 个二级指标上，上海均获得了满分，这主要得益于其作为国际化大都市的丰富资源、高度集聚的科研机构和先进制造业，以及完善的人才政策和服务体系。深圳紧随其后，在人才吸引方面也表现出色。深圳在人才意向工作地占比和人才投递简历次数上得分均超过 0.7。作为中国的经济特区，深圳拥有众多高新技术企业和研究机构，为新材料行业的发展提供了良好的环境和支持。广州和北京表现相近，处于中等偏上水平，这两个城市在人才意向工作地占比和人才投递简历次数 2 个指标上均表现出一定竞争力。

　　重庆、长沙、杭州、成都、西安和青岛在新材料行业的人才吸引方面得分相对较低，需要进一步加强在新材料领域的投入和发展，提升城市的综合竞争力，以吸引更多的人才加入。这些城市可以通过优化政策环境、加强科研投入、推动产业集聚、提升公共服务水平等方式来增强自身在新材料行业的人才吸引力。

## 五、生物医药行业人才报告

### 1. 生物医药行业简介

生物医药行业是指将基因工程、细胞工程、酶工程、发酵工程及蛋白质工程等生物技术的研究成果应用于制药行业，制造市场可流通药品并规模化生产的经济实体的总和。生物医药行业主要具有以下特点：

（1）创新性强：生物医药行业以研发为核心，通过不断的科学研究和技术创新，推动医学科学的进步和技术的发展。

（2）产业链完整：生物医药行业涉及从原材料采购、产品研发、生产制造到市场营销等多个环节，形成了完整的产业链。

（3）投入高，研发周期长：生物医药行业需要大量资金投入，用于药物研发、临床试验、设备购置及人才培养等方面。这种高投入和长周期的特点，要求行业内的企业和研究机构具备雄厚的资金实力和持久的耐心。

受老龄化加剧、社会医疗卫生支出增加和行业研发投入增多等因素的推动，近年来中国生物医药行业市场规模保持较快增长。2016—2022 年，我国生物医药行业的市场规模呈波动增长趋势。2022 年，我国生物医药行业的市场规模约为 18680 亿元，较 2021 年同比增长 8.30%。随着技术的不断发展和市场的不断扩大，生物医药行业将迎来更加广阔的发展空间和机遇。

## 2. 生物医药行业人才总体分布

### （1）年龄分布

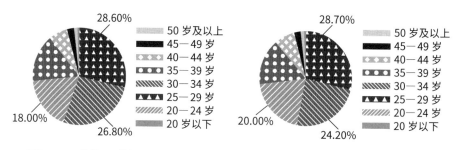

图 5-45　生物医药行业 2022 年　　　　图 5-46　生物医药行业 2023 年
　　　　人才年龄分布　　　　　　　　　　　　人才年龄分布

可以看出，25—34 岁的中青年人才是生物医药行业的中坚力量，其中 25—29 岁和 30—34 岁两个年龄段的从业者占比均超过 20%，且相对稳定；年轻人才（20—24 岁）的占比在 2023 年有所增加，从 18% 上升到 20%；45 岁以上的从业者占比虽然较低，但保持稳定；20 岁以下的从业者占比较低。

### （2）性别分布

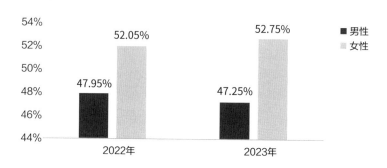

图 5-47　生物医药行业 2022—2023 年人才性别分布

生物医药行业男性员工的占比稳定在 47%—48%，女性员工的占比则稳定在 52%—53%。这表明在生物医药行业中，女性员工的比例略高于男性，且这一比例在近两年内基本保持稳定，女性员工占比略有增长，说明生物医药行业在性别平衡方面表现相对较好。

**（3）学历分布**

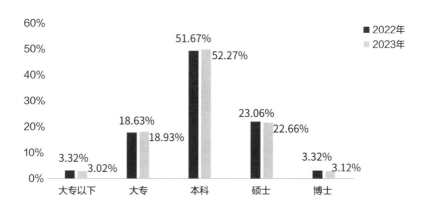

**图 5-48　生物医药行业 2022—2023 年人才学历分布**

生物医药行业在人才学历分布上呈现出相对稳定的态势。本科学历人才占比最大，2023 年达到 52.27%，显示出本科学历人才在生物医药行业中的基础性作用；硕士学历人才占比也相当可观，保持在 22.66%，体现了行业对高层次专业人才的需求；2023 年大专学历人才占比约为 18.93%，说明大专学历人才也是行业的重要组成部分；相比之下，大专以下学历人才和博士学历人才的占比相对较低，2023 年分别为 3.02% 和 3.12%。从 2022 年到 2023 年的变化来看，各个学历层次的占比变化不大，显示出生物医药行业在人才学历分布上的稳定性。

**（4）薪酬分布**

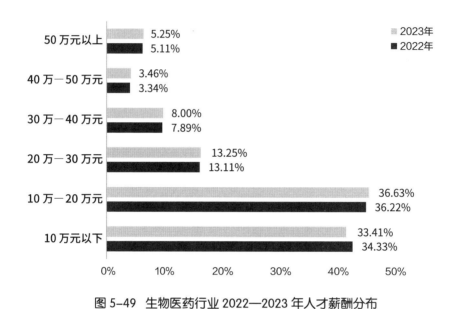

图 5-49　生物医药行业 2022—2023 年人才薪酬分布

人才薪酬方面，从 2022 年到 2023 年，年薪在 10 万元以下的从业者占比从 34.33% 减少至 33.41%，年薪在 10 万—20 万元之间的从业者占比从 36.22% 微升至 36.63%。这些数据表明生物医药行业的薪酬结构整体基本保持稳定，年薪 20 万元及以下的从业者占比达到 70% 左右，是行业的中坚力量。

（5）用人单位规模分布

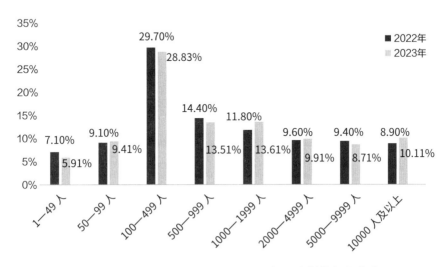

图 5-50  生物医药行业 2022—2023 年用人单位规模分布

　　生物医药行业的用人单位规模分布显示出该行业的稳定性和增长潜力。从 2022 年到 2023 年，虽然小型公司（1—49 人）的占比略有下降（从 7.10% 降至 5.91%），但整体来看，生物医药行业不同规模的企业的分布保持基本稳定。中型公司（100—499 人）的占比虽然略有下降，但仍然是行业的重要组成部分；大型公司（1000 人以上）的占比有所增加，尤其是 1000—1999 人规模的公司占比从 11.80% 上升至 13.61%，表明大型企业在生物医药行业中的地位得到了进一步的巩固。

（6）用人单位类型分布

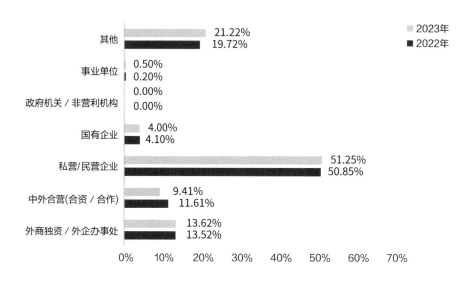

图 5-51　生物医药行业 2022—2023 年用人单位类型分布

　　生物医药行业在近年来保持稳定发展的同时，也呈现出了多元化的市场格局。根据数据，私营/民营企业在该行业中占据了主导地位，市场份额从 2022 年的 50.85% 微增至 2023 年的 51.25%；外商独资/外企办事处和中外合营（合资/合作）单位的市场份额略有增加，但整体仍保持稳定；国有企业的市场份额保持在较低水平，从 4.10% 微降至 4.00%；政府机关/非营利机构在生物医药行业中的占比为零；而事业单位的占比虽小但有所增长，从 0.20% 增加至 0.50%。总体来看，生物医药行业以私营/民营企业为主导，外商独资/外企办事处、国有企业等多元化市场主体的参与，共同推动了该行业的稳步发展。

（7）热门职位分布

表 5-9　生物医药行业 2022—2023 年热招职位分布

| 序号 | 热招职位名称 | 年份 | | 序号 | 热招职位名称 | 年份 | |
|---|---|---|---|---|---|---|---|
| | | 2022 | 2023 | | | 2022 | 2023 |
| 1 | 医药代表 | 9.99% | 12.02% | 11 | 药品研发 | 2.03% | 1.48% |
| 2 | 生物制药/工程 | 9.08% | 5.72% | 12 | 区域销售经理/主管 | 1.46% | 1.72% |
| 3 | 医药销售管理 | 3.44% | 4.81% | 13 | 药物分析 | 1.67% | 1.32% |
| 4 | 药品生产/质量管理 | 2.48% | 2.53% | 14 | 质量管理总监/经理/主管 | 1.33% | 1.14% |
| 5 | 销售经理/主管 | 2.21% | 2.05% | 15 | 医学经理/专员 | 1.16% | 1.32% |
| 6 | 医药产品经理 | 1.90% | 2.37% | 16 | 制剂研究 | 1.09% | 1.00% |
| 7 | 医药招商 | 1.70% | 2.30% | 17 | 药品注册 | 1.02% | 0.90% |
| 8 | 医药研发管理 | 2.14% | 1.73% | 18 | 药物合成 | 0.95% | 0.87% |
| 9 | 销售代表 | 1.79% | 1.92% | 19 | 临床项目管理 | 0.89% | 0.90% |
| 10 | 临床监查员CRA | 2.04% | 1.55% | 20 | 临床数据分析 | 0.96% | 0.68% |

　　生物医药行业展现出多元化的人才需求。医药代表作为连接医药企业与市场的桥梁，其职位热度在 2023 年明显上升，占比从 2022 年的 9.99% 增至 12.02%。在研发领域，生物制药/工程职位占比从 9.08% 下降到 5.72%，但仍然占据着相当重要的地位。销售和市场管理方面，医药销售管理、医药招商等职位的占比上升。在生产和质量管理方面，药品生产/质量管理的职位占比保持稳定并有小幅上升；质量管理总监/经理/主管

的职位虽然略有下降，但仍然是行业内不可或缺的职位。此外，临床和注册类职位如临床监查员 CRA、药品注册等职位虽然占比有所下降，但考虑到临床试验的复杂性和药品注册的严谨性，这些职位依然是生物医药行业中的关键职位。医学经理 / 专员等职位占比的上升则反映出行业对于医学支持和专业指导的需求增加。

## 3. 生物医药行业人才指数评价

### （1）指标体系构建

为突出新质生产力重点行业的特征及进一步提高分析结论的针对性，综合数据可得性与指标全面性，本部分基于猎聘网微观招聘数据构建了如下生物医药行业新质生产力人才指标体系。

生物医药行业人才指标体系主要包括人才供需、人才载体、人才吸引 3 个一级维度，其中人才供需维度包括职位需求总量、人才供给总量、研究生学历人才供给量、35 岁以下人才供给量共 4 个二级指标；人才载体维度包括 500 人及以上规模企业占比、职位平均年薪 2 个二级指标；人才吸引维度包括人才意向工作地占比、人才投递简历次数 2 个二级指标。完整指标体系构建如表 5-10 所示：

表 5-10　生物医药行业人才指标评价体系（2023 年）

| 一级维度 | 二级指标 |
| --- | --- |
| 人才供需 | 职位需求总量 |
| | 人才供给总量 |
| | 研究生学历人才供给量 |
| | 35 岁以下人才供给量 |

续表

| 一级维度 | 二级指标 |
|---|---|
| 人才载体 | 500 人及以上规模企业占比 |
| | 职位平均年薪 |
| 人才吸引 | 人才意向工作地占比 |
| | 人才投递简历次数 |

## （2）总体得分分析

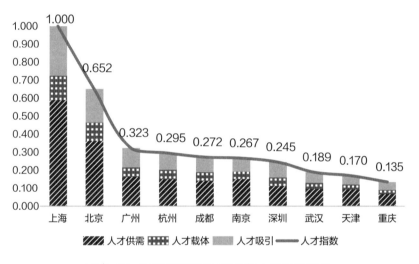

图 5-52 生物医药行业 2023 年人才指数得分

从人才指数总体来看，上海以 1.000 的得分高于其他城市，是生物医药行业人才发展的高地。北京紧随其后，得分为 0.652，显示出在生物医药领域人才发展的较强实力。广州、杭州、成都、南京和深圳得分在 0.245 至 0.323 之间，形成第二梯队，也显示出一定的人才吸引力。武汉、天津和重庆得分相对较低，属于第三梯队，在生物医药领域的人才发展方面还存在较大的提升空间。

进一步分析人才指数的构成可以看到，人才供需维度得分在人才指数总分中占据重要地位。上海在人才供需维度上的得分高达 0.589，这与其在生物医药领域的科研实力、产业基础以及政策支持密切相关。北京在人才供需维度上得分也较高，其他城市在人才供需维度上的得分相对较低，显示出这些城市在生物医药领域的人才供需水平相对较弱。在人才载体维度上，上海依然保持领先地位，北京、广州、杭州在生物医药领域也具备一定的科研实力，其他城市在生物医药领域的人才载体建设方面还有待加强。在人才吸引维度上，上海同样领先，北京、广州、杭州在人才吸引方面也有一定表现，但得分均低于上海，其他城市在吸引生物医药领域人才方面还有较大的增长空间。

### （3）分维度得分分析

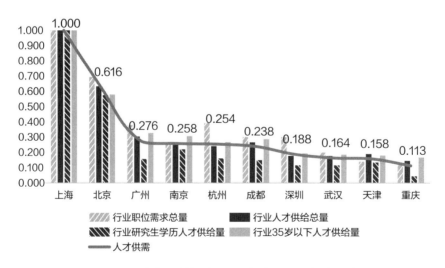

图 5-53　生物医药行业 2023 年人才供需维度得分

　　在生物医药行业的人才供需方面，上海获得全面满分的成绩，展现了在该领域的强大吸引力和人才储备能力。北京紧随其后，在人才供需各项指标上均表现出色，但与上海相比仍有一定差距。广州、南京、杭州在生物医药领域的人才供需方面也有不俗的表现，但整体得分仍有一定的提升空间。

　　具体来看，上海在生物医药行业的职位需求总量、人才供给总量、研究生学历人才供给量以及 35 岁以下人才供给量等方面均获得了满分，这凸显了上海在生物医药领域的全面领先地位。北京在人才供给总量、研究生学历人才供给量和 35 岁以下人才供给量等方面均表现不俗，广州在人才供给总量和 35 岁以下人才供给量上得分相对较高。南京和杭州的总得分相近，但杭州在研究生学历人才供给量和 35 岁以下人才供给量上稍逊一筹。武汉、天津和重庆在生物医药行业的人才供需上则呈现出不同程度的不足，在生物医药领域的人才储备和市场需求上还有待加强。

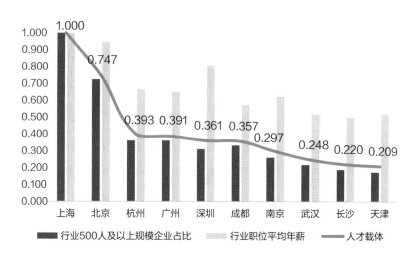

图 5-54　生物医药行业 2023 年人才载体维度得分

在人才载体方面，上海以全面满分的表现成为行业的领头羊，显示出其在生物医药领域的强大实力。北京紧随其后，拥有众多优秀的生物医药企业和科研机构，为行业发展提供了强大的支撑，在企业规模和薪酬水平方面均表现出色。杭州和广州在生物医药行业的人才载体方面也有不错的表现，但相较于上海和北京，整体得分相对较低。这两个城市在生物医药领域也具有一定的实力和影响力，但在企业规模和薪酬水平方面仍存在提升空间。深圳、成都在人才载体得分上紧随其后，其中深圳在职位平均年薪方面得分较高，在生物医药领域具有一定的竞争力，但人才集聚度和企业规模方面还有待提高。南京、武汉、长沙和天津在生物医药行业的人才载体方面得分相对较低，表明这些城市在生物医药领域的发展还有一定的提升空间。

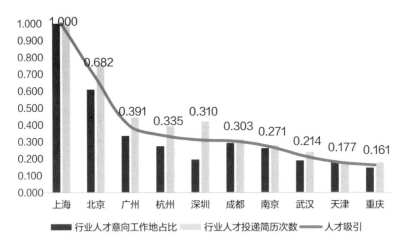

图 5-55 生物医药行业 2023 年人才吸引维度得分

在人才吸引维度上，上海同样以满分的成绩高居榜首，这充分显示了上海在生物医药领域的强大人才吸引力。在人才意向工作地占比和人才投递简历次数 2 个二级指标上，上海均获得了满分，这主要得益于其作为国际化大都市拥有的丰富资源、高度集聚的科研机构和先进制造业，以及完善的生物医药产业链和人才政策。北京紧随其后，在生物医药行业的人才吸引方面也表现出色，显示出其作为首都和科技创新中心的强大实力，其丰富的科研资源和教育资源，以及众多知名的生物医药企业和研究机构，为生物医药行业的发展提供了良好的环境和支持。广州、杭州、深圳和成都在人才吸引维度上表现中等偏上，虽然整体得分与上海和北京存在一定差距，但也具备一定的实力和潜力。这些城市拥有一定的科研资源和产业基础，但还需要进一步加强在人才吸引方面的投入和努力。南京、武汉、天津和重庆在人才吸引维度的得分相对较低，需要进一步加强在生物医药领域的投入和发展，提升城市的综合竞争力，以吸引更多的人才加入。这些城市可以通过优化政策环境、加强科研投入、推动产业集聚、提升公共服务水平等方式来增强自身在生物医药行业的人才吸引力。

## 六、电子 / 通信 / 半导体行业人才报告

### 1. 电子 / 通信 / 半导体行业简介

电子 / 通信 / 半导体行业是一个多元化且快速发展的领域，涉及电子产品的设计、制造和销售，通信技术的研究与应用，以及半导体器件的生产。这个行业是现代信息技术产业的核心，对全球经济发展和技术进步具有重要影响。电子 / 通信 / 半导体行业主要具有以下特点：

（1）创新驱动：技术发展迅速，新产品和新技术层出不穷。创新是推动行业发展的核心动力。从半导体材料的不断进步到通信技术的迭代更新，再到电子产品的多样化设计，创新在行业中扮演着至关重要的角色。

（2）全球化：由于产品制造的复杂性，电子 / 通信 / 半导体行业依赖于全球供应链来获取原材料、组件和生产服务。从硅片的开采到集成电路的制造，再到最终产品的组装，每个环节都可能涉及不同国家和地区的企业。

（3）高附加值：电子 / 通信 / 半导体行业以其高附加值而著称，这主要得益于其产品的技术密集性和创新性。这些产品往往集成了最新的科技成果，从而为消费者提供高性能、高可靠性的解决方案。

随着智能化、网络化趋势的加强，电子 / 通信 / 半导体产品在功能上不断扩展，如智能手机、智能穿戴设备等，它们不仅提供通信功能，还集成了娱乐、支付、健康监测等多种服务，极大地提升了用户体验，从而创造了更高的市场价值。同时，这些行业的产品在生产过程中对环境的控制、质量的保证有着极高的要求，这也意味着更高的生产成本和产品售价，进一步推高了行业的附加值。

电子 / 通信 / 半导体行业正处于快速发展期，主要驱动因素包括 5G 通信技术的普及、物联网的快速发展、人工智能（AI）的广泛应用，以及智能终端设备需求的持续增长等。随着技术的不断进步，半导体器件将变得更加小型化、节能和高性能，这将推动电子产品向更高性能、更小尺寸和更低能耗的方向发展。新兴技术如量子计算、柔性电子、神经形态计算等前沿领域的探索，将为行业带来新的增长点。此外，随着全球对可持续发展的重视，绿色电子产品和环保材料的研发将成为行业发展的新趋势。

## 2. 电子 / 通信 / 半导体行业人才总体分布

### （1）年龄分布

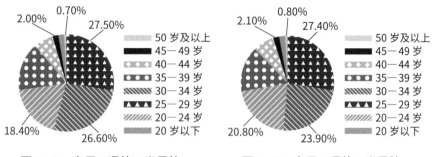

图 5-56　电子 / 通信 / 半导体
行业 2022 年人才年龄分布

图 5-57　电子 / 通信 / 半导体
行业 2023 年人才年龄分布

　　可以看出，中青年人才是该行业的核心力量，其中 25—34 岁的从业
者占比超过 50%，显示出这一年龄段的人才在电子 / 通信 / 半导体行业中
的重要地位；年轻人才（20—24 岁）的占比在 2023 年有所增长，这体现
了电子 / 通信 / 半导体行业对年轻人才的吸引力，以及年轻人才在该行业
中的成长潜力和活力；45 岁及以上的从业者占比相对较低，但从 2022 年
到 2023 年略有增长；20 岁以下的从业者占比也相对较低。

（2）性别分布

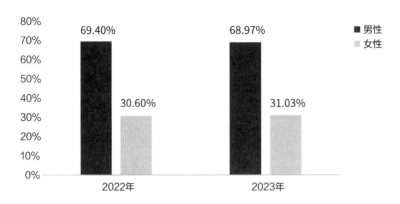

图 5-58 电子 / 通信 / 半导体行业 2022—2023 年人才性别分布

电子 / 通信 / 半导体行业男性员工的占比稳定在 69% 左右，而女性员工的占比则稳定在 31% 左右。这表明在电子 / 通信 / 半导体行业中性别比例基本稳定，男性员工的占比较高，女性员工的占比相对较低。

（3）学历分布

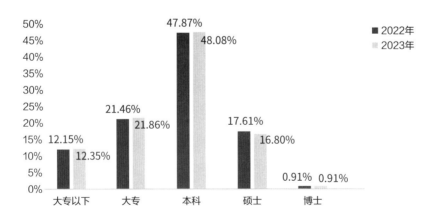

图 5-59 电子 / 通信 / 半导体行业 2022—2023 年人才学历分布

电子 / 通信 / 半导体行业在人才学历分布上表现出较为稳定的趋势。本科学历人才是该行业的主力军，占比在 2023 年达到 48.08%，显示出本科学历人才在电子 / 通信 / 半导体行业中的基础性地位。硕士学历人才也占据一定比重，2023 年占比约为 16.80%，体现了行业对高层次专业人才的需求；大专学历人才和大专以下学历人才 2023 年分别占 21.86% 和 12.35%，同样是行业的重要组成部分。值得注意的是，博士学历人才在行业中占比较小，仅为 0.91%。从 2022 年到 2023 年的变化来看，各学历层次的占比变化不大，显示出电子 / 通信 / 半导体行业在人才学历分布上的稳定性和成熟性。

**（4）薪酬分布**

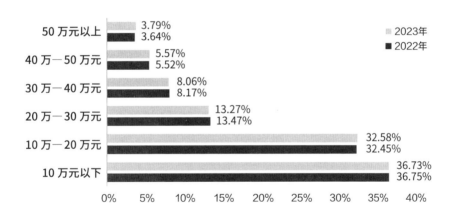

图 5-60  电子 / 通信 / 半导体行业 2022—2023 年人才薪酬分布

电子 / 通信 / 半导体行业的薪酬数据显示，从 2022 年到 2023 年，年薪在 10 万元以下的从业者占比下降了 0.02 个百分点，年薪在 20 万—40 万元之间的从业者占比也呈现下降趋势，其他年薪区间的占比存在小幅上升，这些数据表明电子 / 通信 / 半导体行业的薪酬结构整体基本保持稳

定。年薪 20 万元及以下的从业者人数占比达到 70% 左右，是行业的中坚
力量。

**（5）用人单位规模分布**

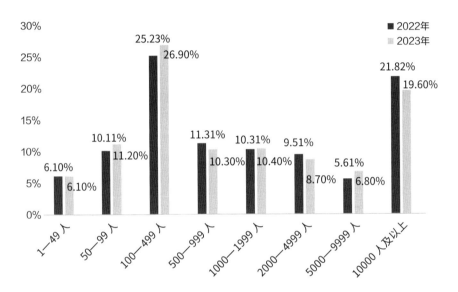

图 5-61　电子／通信／半导体行业 2022-2023 年用人单位规模分布

从 2022 年到 2023 年，小型公司（1—49 人）的占比保持稳定；中型
公司（100—499 人）的占比有所增加；大型公司（1000 人以上）的占比
整体上略有下降，其中 1000—1999 人规模的公司占比基本保持稳定，而
2000—4999 人规模的公司占比有所下降；特别值得注意的是，10000 人及
以上的大型公司占比从 21.82% 减少到 19.60%。

**（6）用人单位类型分布**

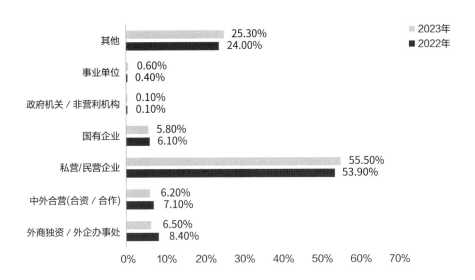

图 5-62　电子 / 通信 / 半导体行业 2022—2023 年用人单位类型分布

电子 / 通信 / 半导体行业中，私营 / 民营企业占据主导地位，占比从 2022 年的 53.90% 提升至 2023 年的 55.50%，体现了其在技术研发、生产及市场推广中的核心作用。外商独资 / 外企办事处占比虽有所下降，但依旧保持一定份额。政府机关 / 非营利机构及事业单位的占比较低，但在政策制定和行业监管中不可或缺。整体来看，电子 / 通信 / 半导体行业市场格局稳定，各类型企业共同推动行业发展。

## （7）热门职位分布

表 5-11　电子 / 通信 / 半导体行业 2022—2023 年热招职位分布

| 序号 | 热招职位名称 | 年份 | | 序号 | 热招职位名称 | 年份 | |
|---|---|---|---|---|---|---|---|
| | | 2022 | 2023 | | | 2022 | 2023 |
| 1 | 嵌入式软件开发 | 3.09% | 2.26% | 11 | 数字前端工程师 | 1.33% | 0.94% |
| 2 | 硬件工程师 | 2.89% | 2.30% | 12 | C++ | 1.33% | 0.92% |
| 3 | 工艺 / 制程工程师（PE） | 2.20% | 2.35% | 13 | 半导体技术工程师 | 1.13% | 1.13% |
| 4 | 销售经理 / 主管 | 2.13% | 2.41% | 14 | 生产计划 / 物料管理（PMC） | 1.05% | 1.19% |
| 5 | 产品经理 | 1.42% | 1.30% | 15 | 采购专员 / 助理 | 1.07% | 1.13% |
| 6 | 销售工程师 | 1.20% | 1.53% | 16 | 模拟芯片设计工程师 | 1.11% | 1.04% |
| 7 | FAE 现场应用工程师 | 1.40% | 1.24% | 17 | 半导体工艺工程师 | 1.03% | 1.12% |
| 8 | 机械结构工程师 | 1.19% | 1.40% | 18 | 大客户销售 | 0.99% | 1.07% |
| 9 | 算法工程师 | 1.34% | 1.10% | 19 | 测试工程师 | 1.16% | 0.80% |
| 10 | Java | 1.37% | 0.92% | 20 | 质量管理工程师 | 0.90% | 1.09% |

在电子 / 通信 / 半导体行业中，嵌入式软件开发职位的占比从 2022 年的 3.09% 下降到 2023 年的 2.26%，是行业内的一个关键变化。硬件工程师的职位占比从 2.89% 微降到 2.30%。工艺 / 制程工程师（PE）的职位占比有所上升，从 2.20% 增长到 2.35%，表明随着电子 / 通信 / 半导体行业的不断发展，对于工艺和制程技术的需求也在增加。在销售和市场方

面，销售经理 / 主管和销售工程师的职位占比均有所上升，分别从 2.13%
和 1.20% 增长到 2.41% 和 1.53%，这反映了电子 / 通信 / 半导体行业对于
销售和市场团队的重视，以及对市场拓展和客户关系管理的需求增加。产
品经理职位的占比略有下降，从 1.42% 降至 1.30%，但总体上保持稳定。
FAE 现场应用工程师的职位占比从 1.40% 下降到 1.24%，同时，机械结构
工程师职位的占比从 1.19% 增长到 1.40%。在编程语言和技术方面，Java
和 C++ 职位的占比均有所下降。此外，模拟芯片设计工程师、半导体工
艺工程师等职位的占比基本保持稳定，这些职位对于行业的技术创新和产
品研发具有重要作用。

### 3. 电子 / 通信 / 半导体行业人才指数评价

#### （1）指标体系构建

为突出新质生产力重点行业的特征及进一步提高分析结论的针对性，
综合数据可得性与指标全面性，本部分基于猎聘网微观招聘数据构建了如
下电子 / 通信 / 半导体行业新质生产力人才指标体系。

电子 / 通信 / 半导体行业人才指标体系主要包括人才供需、人才载体、
人才吸引 3 个一级维度，其中人才供需维度包括职位需求总量、人才供
给总量、研究生学历人才供给量、35 岁以下人才供给量共 4 个二级指标；
人才载体维度包括 500 人及以上规模企业占比、职位平均年薪 2 个二级指
标；人才吸引维度包括人才意向工作地占比、人才投递简历次数 2 个二级
指标。完整指标体系构建如表 5-12 所示：

表 5-12  电子 / 通信 / 半导体行业人才指标评价体系（2023 年）

| 一级维度 | 二级指标 |
|---|---|
| 人才供需 | 职位需求总量 |
|  | 人才供给总量 |
|  | 研究生学历人才供给量 |
|  | 35 岁以下人才供给量 |
| 人才载体 | 500 人及以上规模企业占比 |
|  | 职位平均年薪 |
| 人才吸引 | 人才意向工作地占比 |
|  | 人才投递简历次数 |

## （2）总体得分分析

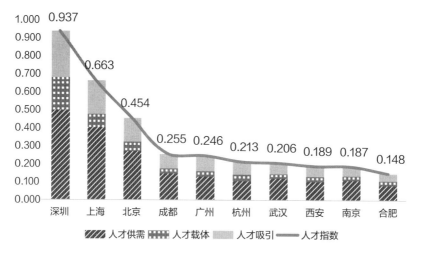

图 5-63  电子 / 通信 / 半导体行业 2023 年人才指数得分

　　从人才指数总体来看，深圳以 0.937 的得分位居首位，显示出在电子 / 通信 / 半导体行业人才发展上的领先地位。上海紧随其后，位列第二。北京以 0.454 的得分排名第三。成都、广州、杭州、武汉属于中等水平。西安、南京和合肥得分相对较低，显示出在电子 / 通信 / 半导体行业人才发展上的相对落后。

　　人才供需维度得分在人才指数总分中占据重要地位。深圳在人才供需维度上的得分高达 0.498，这与其在电子 / 通信 / 半导体行业的产业集聚、企业数量和市场需求密切相关。上海在人才供需维度上的得分也较高，其他城市在人才供需维度上的得分普遍相对较低。在人才载体维度上，深圳同样处于领先地位，上海也具备一定的科研实力和企业基础，其他城市在电子 / 通信 / 半导体行业的人才载体建设方面还有待加强。在人才吸引维度上，深圳依然以显著优势领先，得分为 0.258。上海和北京在人才吸引方面也有一定表现，但得分均低于深圳。其他城市在人才吸引维度上的得分相对较低，显示出在吸引电子 / 通信 / 半导体领域人才方面还有较大的提升空间。

**（3）分维度得分分析**

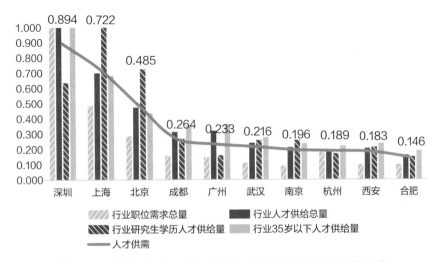

图 5-64　电子 / 通信 / 半导体行业 2023 年人才供需维度得分

　　在人才供需方面，深圳以其极高的行业职位需求总量和人才供给总量展现出强大的市场活力和人才吸引力。上海虽然在行业研究生学历人才供给量维度上得分较高，但在人才供给总量上稍显不足，显示出其在电子 / 通信 / 半导体领域的人才储备仍有提升空间。北京在人才供需上相对均衡，但在整体得分上落后于深圳和上海。

　　具体来看，深圳在职位需求总量上得分接近满分，显示出其庞大的市场需求，同时在人才供给总量和 35 岁以下人才供给量上均获得满分，这表明深圳在电子 / 通信 / 半导体领域拥有充足的人才储备，且人才结构较为年轻化。上海在研究生学历人才供给量上得分较高，但在人才供给总量上得分相对较低。北京在电子 / 通信 / 半导体行业的人才供需上相对均衡，在研究生学历人才供给量上得分相对较高。成都、广州、武汉、南京、杭州、西安和合肥在人才供需方面则呈现出不同程度的不足。这些城市在各项指标上的得分普遍相对较低，显示出在电子 / 通信 / 半导体领域的人才储备和市场需求上还有待加强。然而，这些城市也展现出了一定的发展潜力，尤其是在 35 岁以下人才供给量方面，为未来电子 / 通信 / 半导体行业的发展提供了可能。

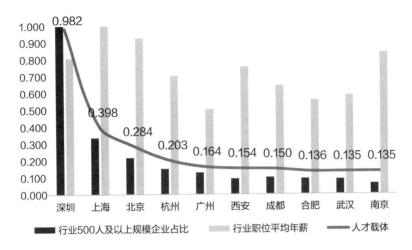

**图 5-65　电子 / 通信 / 半导体行业 2023 年人才载体维度得分**

在人才载体方面，深圳在 500 人及以上规模企业占比、职位平均年薪2 个指标上均表现出色，尤其是 500 人及以上规模企业占比，得分达到满分。同时，深圳的职位平均年薪得分也相对较高，显示出其对于高端人才的吸引力。上海虽然在人才载体维度总得分低于深圳，但职位平均年薪得分达到了满分，这表明上海在电子 / 通信 / 半导体行业的人才待遇上十分具有竞争力。不过，上海在 500 人及以上规模企业占比上得分相对较低，意味着其大型企业集聚度有待提升。北京在职位平均年薪方面表现不俗，但在 500 人及以上规模企业占比上得分相对较低，显示出其在电子 / 通信 /半导体领域的大型企业数量相对较少。北京作为首都，其科研实力和市场潜力仍然巨大。

杭州、广州、西安、成都在人才载体方面得分相对较低，但各有特色。杭州在职位平均年薪上表现较好，显示出其对于人才的吸引力；广州在人才载体维度总得分和职位平均年薪方面均处于中等水平；西安和成都的人才载体维度总得分和 500 人及以上规模企业占比得分相近，但西安的职位平均年薪得分略高。

合肥、武汉、南京的人才载体维度得分较低，表明这些城市在电子 / 通信 / 半导体领域的发展还有一定的提升空间。这些城市需要加大在相关领域的投入和培育力度，提升行业整体的竞争力和影响力。

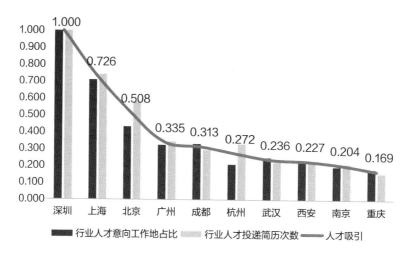

图 5-66　电子 / 通信 / 半导体行业 2023 年人才吸引维度得分

在人才吸引维度上，深圳以满分的成绩独占鳌头，显示出其在该领域的强大人才吸引力，这主要得益于深圳作为全球电子信息和通信技术的中心之一，拥有众多知名的电子 / 通信 / 半导体企业和研究机构，以及完善的产业链和人才政策。上海紧随其后，在人才意向工作地占比和人才投递简历次数 2 个指标上均获得了较高的分数，显示出其在电子 / 通信 / 半导体行业的强劲实力，作为中国的经济中心和科技创新高地，不仅拥有众多优秀的高校和科研机构，还吸引了大量国内外知名企业在此设立研发中心和生产基地。北京在人才吸引方面也具备一定的竞争力，虽然整体得分低于深圳和上海，但在人才意向工作地占比和人才投递简历次数 2 个指标上均获得了一定的分数，作为首都和科技创新中心，北京拥有丰富的科研资源和教育资源，为电子 / 通信 / 半导体行业的发展提供了有力支持。

广州、成都、杭州、武汉、西安、南京和重庆在电子 / 通信 / 半导体行业的人才吸引方面得分相对较低，但也各自展现出一定的潜力。这些城市在电子 / 通信 / 半导体领域也具备一定的科研实力和产业基础，但相较于深圳、上海和北京等城市，还需要进一步加强在人才吸引方面的投入和努力，通过优化政策环境、加强科研投入、推动产业集聚、提升公共服务水平等方式来增强自身在电子 / 通信 / 半导体行业的人才吸引力。

第6章

# 人才驱动新质生产力的
# 案例分析

为了探究人才对于新质生产力发展的驱动作用，探究科技人才、高质量人才与绿色人才政策对于新质生产力的推动作用，本章从 3 个具体案例出发，强调专精特新"小巨人"企业人才发展策略对于科技人才的培养作用，介绍比亚迪在人才培养与供给方面计划与方案的创新与实践，从人才资源、人才效能、人才载体、人才环境方面分析高质量人才的养成，最后研究分析绿色人才政策对于培养绿色人才的作用。研究表明，科技人才、高质量人才与绿色人才等新式人才的出现大大推动促进了我国新质生产力的发展，新政策的出台也使得新式人才的数量不断提高。本章的案例分析丰富了相关研究，为政府提供了指导作用，具有现实意义。

# 一、科技人才的政策激励与企业发展策略——基于专精特新"小巨人"企业群体

## 1. 背景介绍

### （1）主营业务领域契合国家战略

专精特新"小巨人"企业深耕于"中国制造 2025"的十大重点产业领域，与国家战略发展高度契合，在推动经济结构转型升级、产业布局优化以及国家战略安全等方面具有重大意义。

在经济结构转型升级方面，传统粗放型的经济增长方式已不适应高质量发展需求。专精特新"小巨人"企业作为中小企业中最具活力的群体，位于产业链核心环节，承载了解决关键领域核心技术"卡脖子"困境的关键任务。据智慧芽数据，截至 2022 年 6 月，"小巨人"企业数量仅占全国企业数量的 0.04%，却创造了全国企业 4.64% 的有效发明专利数，足见其重要性。产业布局优化方面，"小巨人"企业在我国制造强国战略所制

定的十大重点产业领域中扮演关键角色，有助于优化升级产业结构，增强行业整体竞争力。在国家战略安全方面，"小巨人"企业的配套能力突出且不可替代，对解决"卡脖子"重灾区、增强产业链供应链稳定性和竞争力至关重要。同时，也有助于提升国家战略安全和经济安全，推动产业链上下游融通发展，发挥促进就业的作用。

**（2）受到国家政策大力支持**

自 2018 年起，工业和信息化部实施专精特新"小巨人"企业培育政策，旨在培育效益拔尖的优秀中小企业。"专精特新""小巨人"企业培育政策旨在解决中小企业发展问题，补齐中高端制造业"短板"和"空白"，推动经济转型与高质量发展。政策通过建立"创新型中小企业—省级专精特新中小企业—国家级专精特新'小巨人'企业—制造业'单项冠军'企业"的梯度培育体系并提供金融、资源对接、市场开拓、质量提升、系统培育、数字驱动和融通创新等方面的支持，引导企业在关键领域开展科研攻关和多主体合作。

（3）盈利能力持续改善且发展向好

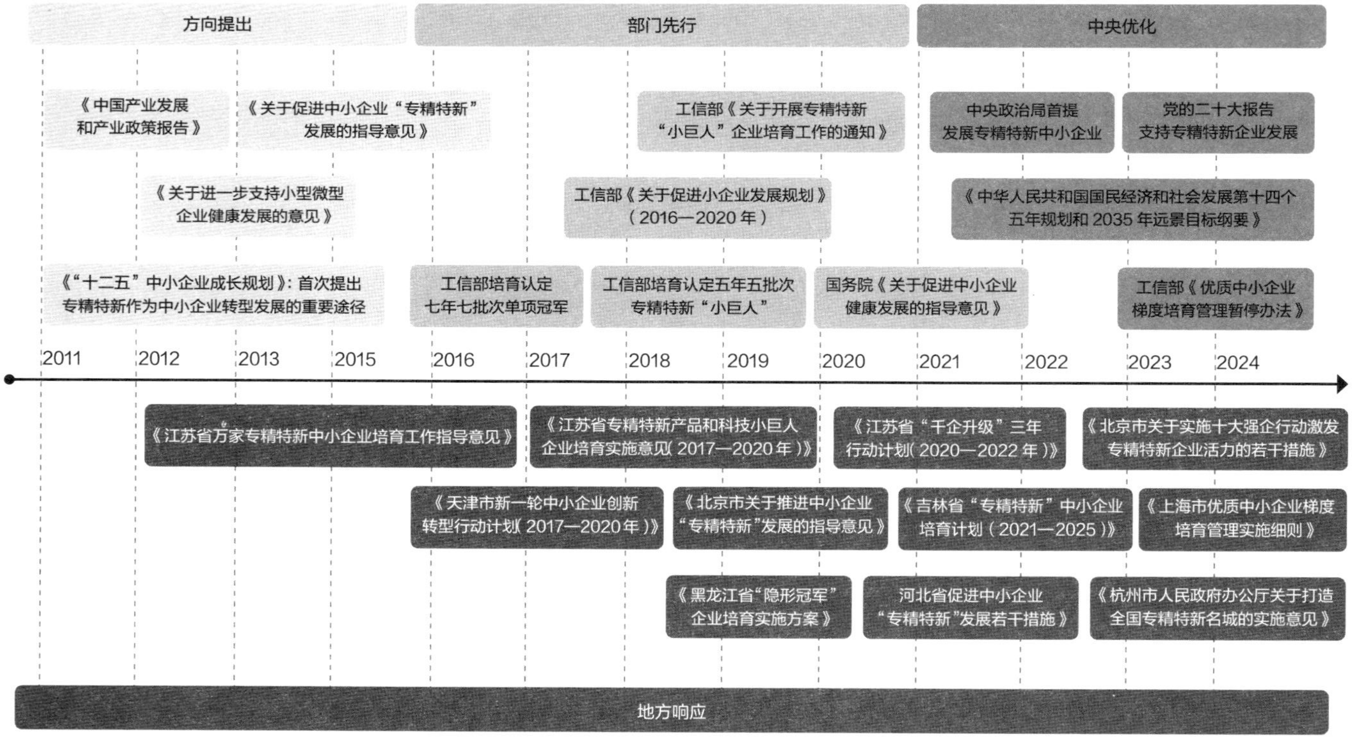

图 6-1　专精特新"小巨人"企业政策梳理

截至目前，我国已累计认定五批国家级专精特新"小巨人"企业，培育数量达 1.2 万余家，优质中小企业梯度培育工作取得积极成效。伴随认定标准的细致化与认定维度的清晰化，专精特新"小巨人"企业入选公示数量从第一批的 248 家、第二批的 1744 家、第三批的 2930 家，到第四批入围的 4357 家和第五批入围的 3671 家，不难看出专精特新"小巨人"企业数量大幅提质扩容。

与此同时，政策端专精特新"小巨人"的认定门槛与商业端上市条件的筛选使得专精特新企业多集中于制造业，新一代信息技术、新材料、新能源汽车等战略性新兴行业是专精特新"小巨人"重点聚焦的企业。结合赛迪研究院"小巨人"企业创新活力度指标来看，3 月中国"专精特新"创新指数达历史新高，较上年同期增长 40.4%。随着培育和发展新质生产力的力度不断增加，企业创新活力持续释放，为解决"卡脖子"难题提供坚实技术支撑，以专精特新"小巨人"为代表的中小企业发展质量稳步提升。

## 2. 专精特新"小巨人"企业群体发展概况

### （1）专精特新"小巨人"企业行业发展现状

目前，专精特新"小巨人"企业依然着眼于打造新质生产力，在传统产业深耕，致力于制造业技术改造升级，传统产业高端化、智能化、绿色化转型，并打造更多有国际影响力的"中国制造"。从行业发展来看，国防军工、计算机、通信、医药生物行业的专精特新"小巨人"企业对于人才的投入与要求较高，电子、计算机行业对硕博及以上的高学历人群的需求尤其高，说明高端制造业以及精密仪器技术攻关、微电子技术以及大数据仍然是专精特新发展的重点行业。

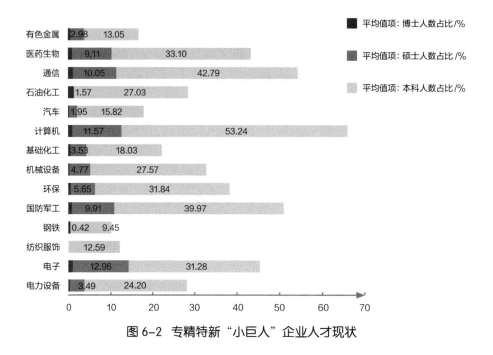

图 6-2 专精特新"小巨人"企业人才现状

　　从经济盈利情况来看，钢铁行业、汽车行业以及医药生物行业具有最高的总资产报酬率以及净资产收益率，医药生物行业的净利润率尤其高，说明该行业的关键技术已经实现突破，行业规模不断扩大，行业发展趋于稳定，稳健进入量产盈利阶段，行业走势也较好；而计算机、国防军工行业的利润率、报酬率与收益率尤其低，说明该行业研发成果转化周期较长，目前属于国家政策的投资重点，需要进行核心技术与关键基础设施量产的攻坚克难，更需要人才、技术、知识的大量研发投入。

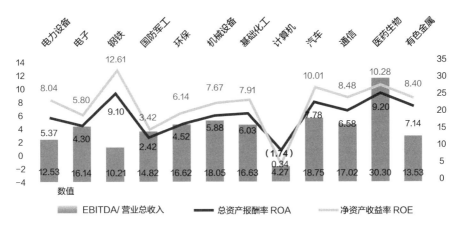

图 6-3　各行业专精特新"小巨人"企业盈利能力概况

### （2）专精特新"小巨人"企业区位发展现状

从区位分布来看，目前，专精特新"小巨人"企业主要分布在东、南部沿海及北京，基本与我国区位经济发展现状相吻合。而在行业分布方面，专精特新"小巨人"企业的发展也离不开各地工业基础与产业结构的支撑。具体而言，江苏省、浙江省在机械设备、电子及电力设备方面较为突出；广东省利用现有电子信息产业集群资源禀赋，在电子与机械设备方面持续深耕，致力于发展特色化、产业化、高端化、品牌化软件名园；北京则背靠"中国硅谷"中关村及清华大学、北京理工大学等顶尖科研机构人才、技术软实力，在计算机行业加大投入，对专精特新"小巨人"企业辅以政策、资金、流程支持，促进计算机科学城发展；四川省则位于西南内陆，机密性与安全性较高，主要发展军用武装设备与精密武器研发。

### （3）专精特新"小巨人"生态系统

纵向来看，在梯度培育体系中，专精特新"小巨人"企业是那些位于产业基础核心领域和产业链关键环节的企业，作为专精特新核心企业，其发展目标向制造业单项冠军看齐，专注深耕细分产品市场，致力于打造国际领先的生产技术工艺并在市场中具备最强实力。

横向而言，专精特新"小巨人"与外部高校科研机构、金融机构、行业龙头以及政府机构形成了良性互动的生态系统，具体表现为"高校人才支撑、金融资金赋能、龙头合作牵引、政府政策规范"的四力系统。高校通过"千校万企"项目将科研人员与优秀学生输送至企业，通过合作、合约、入聘等形式开展技术服务，联合攻关创新难题，解决企业发展后备知识技能资源不足的问题[1]。而面对专精特新"小巨人"企业"三高一轻""三大一长"[2]的"贷款难"现状，商业银行与金融机构联合为专精特新企业开发了"融资＋风控""债权＋股权""融智＋融资""投贷联动"等综合化全方位服务[3]，并专门开发了"技术流"授信测算模型等专项授信支持，为企业运转注入源头活水。在培育扶植专精特新"小巨人"企业发展方面，龙头企业也发挥了强劲的助推作用。腾讯、联想、小米等 25 家龙头企业通过产业投资方式，投出了近 400 家国家级/省级"专精特新"中小企业，并进一步通过资源开放、科技共创、运营协作等合作机制发挥产业链"链主"的生态整合作用[4]。最后，无论是专精特新企业的梯队选拔、培育、转型升级，还是高校、金融机构与企业的合作，都离不开政府政策

① 中华人民共和国教育部，推动高校支撑服务企业高质量发展——三部门解读"千校万企"协同创新伙伴行动，2022.07.12，http://www.moe.gov.cn/jyb_xwfb/s5147/202207/t20220712_645285.html.

② "三高一轻"：民营、制造业企业占比高、技术赋能盈利能力高、发展不确定性高；"三大一长"：资金需求量大、专利权质押产品和信用贷款需求大、多元化金融服务需求大、资金需求期限长。

③ 欧阳洁，人民日报，金融服务更好支持"专精特新"企业发展——访中国社科院国家金融与发展实验室副主任曾刚，2022.05.04，https://www.gov.cn/xinwen/2022-05/16/content_5690602.htm.

④ 李毅中，人民政协网，培养壮大专精特新企业 构建融通创新的现代产业体系，2022.06.01，https://www.rmzxw.com.cn/c/2022-06-01/3129618.shtml.

的推动与规范、引导作用。目前，全国各级政府就专精特新企业发展已经形成了"科技创新、产融合作、企业服务、数字化转型、国际合作"[①]的全方位政策体系，确保专精特新企业既能按照发展规划持续平稳前进，又能通过政策跳板激发出更大自主性。

### 3. 行业人才现状

#### （1）典型行业人才概览

新质生产力与"战略性新兴产业""未来产业"息息相关，而专精特新企业作为发展新质生产力的"排头兵"，对探索和明确新质生产力发展方向、带动产业高质量发展具有重要意义。专精特新"小巨人"企业作为专精特新企业中的佼佼者，对新质生产力与产业的高质量发展有着更加重大的意义。在此基础上，为了进一步了解专精特新"小巨人"企业上市公司的人才情况，我们选取了半导体这一重要的战略性新兴产业，从人才结构、人才效能角度概览其人才现状。

① 半导体行业专精特新"小巨人"企业人才概览

A. 人才结构

从岗位结构来看，半导体行业专精特新"小巨人"上市公司中，技术人员数量达到 1.47 万人左右，在所有岗位中占比最多，占比将近一半。生产人员占比位列第二，为 25.64%。从半导体行业全部上市公司来看，根据集微咨询报告，2021 年半导体行业上市公司整体技术人员占比为 21.66%，生产人员规模是其 2 倍以上，占比将近一半。对比来看，半导体

---

① 王政，刘温馨，人民日报，如何促进中小企业专精特新发展，2024.02.07，https://www.gov.cn/zhengce/202402/content_6930705.htm。

行业内，专精特新"小巨人"企业明显拥有更大比例的技术人员占比。这一差异反映了"小巨人"企业在技术上的战略性重视，强调通过技术创新来保持其竞争优势和市场地位。

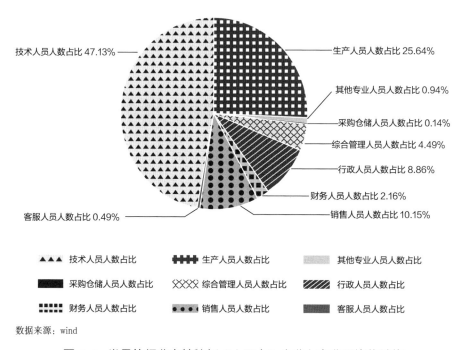

数据来源：wind

**图6-4 半导体行业专精特新"小巨人"企业上市公司岗位结构**

从学历结构来看，半导体行业专精特新"小巨人"企业上市公司人员学历为本科及以上占比超过50%，其中硕士占比为18.29%，博士占比为0.88%。根据集微咨询，2021年半导体行业上市公司学历占比最高为专科及以下（43.17%），本科及以上仅占比31%。这一差异体现了专精特新"小巨人"企业对高学历人才的重视，以及打造一支高素质研发队伍的战略目标，有助于提升企业的研发能力和技术创新水平，为企业在市场竞争中提供更强的智力支持，推动企业在技术难题攻关和产品创新上的突破。

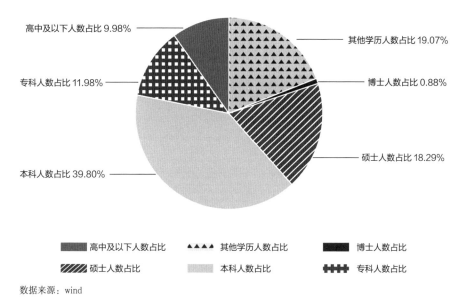

数据来源：wind

**图 6-5　半导体行业专精特新"小巨人"上市公司人员学历结构**

B. 人才创新效能

专精特新"小巨人"企业的重要特征之一便是其高效的创新效能。专精特新"小巨人"企业在全国企业中的占比仅为 0.04%，员工规模也仅 0.42%，而其 2022 年申请的专利占比却达到了全部企业的 5.25%[①]。

技术体量方面，在半导体行业专精特新"小巨人"上市公司中，各公司平均专利数量为 120 件。而各行业全部专精特新企业平均专利申请量仅为 54 件。对比来看，半导体行业专精特新"小巨人"企业整体的技术体量较大，创新效能也远高于普通专精特新企业。

---

① 智慧芽，2023 年专精特新"小巨人"企业科创力报告。

技术质量方面，专利分为发明、实用新型、外观设计三种类型，一般使用发明专利的占比来衡量技术质量。对于全部专精特新企业而言，尽管其技术质量相对较高，其发明专利占比也仅为36%。而对于半导体专精特新"小巨人"企业而言，其平均发明专利数量为76件，在所有专利中占比超过60%。由此可见，半导体专精特新"小巨人"企业拥有较高的技术质量，整体体现出更强的"专业化""精细化"特征。

**（2）"小巨人"股权激励**

"小巨人"企业普遍存在对人才素质要求高、核心技术人员缺口大等问题。为更好地吸引并留住技术人才，近年来将核心技术人员纳入股权激励成为"小巨人"企业的普遍选择，目前呈现出推行股权激励计划数量多、激励覆盖范围广、激励力度大的现象。

① 股权激励概况

股权激励形式。限制性股票激励计划是专精特新"小巨人"企业的主要股权激励形式之一，指上市公司按照预先确定的条件授予激励对象一定数量的本公司股票，激励对象只有在工作年限或业绩目标符合股权激励计划规定条件的，才可出售限制性股票并从中获益。

股权激励对象。股权激励的对象往往是公司的关键人力资源，以核心技术人员、高管、董事以及董事会认为需要激励的人员（往往是有关键贡献的特殊人员）为主。

通过对CSMAR员工持股计划基础信息表的读取，专精特新"小巨人"企业之中共有23.60%在员工持股计划持有人范围中明确提及"技术人员"（如图6-6），基本表述为"核心技术人员""核心技术骨干"或"担任重要技术岗位的骨干人才"等，体现了对技术人才的高度重视。

员工持股计划持有人范围

23.60%

76.40%

● 明确提及"技术人员"　　● 未提及"技术人员"

数据来源：CSMAR

**图 6-6　员工持股计划持有人范围信息中明确提及"技术人员"比例**

股权激励个人业绩考核。大多数股权激励计划将个人业绩考核结果划分为 4 或 5 个档次。其中，划分为 4 个档次的，个人归属比例多为"100%、100%、80%、0%"（如表 6-1）和"100%、80%、60%、0%"形式。激励对象的个人层面的考核按照公司相关规定组织实施，并依照激励对象的绩效考评结果确定其解除限售的比例。若当年度公司层面业绩考核达标，激励对象个人当年实际解除限售额度 = 标准系数 × 个人当年计划解除限售额度。

**表 6-1　个人业绩考核标准**

| 考评结果 | A | B | C | D |
|---|---|---|---|---|
| 标准系数 | 100% | | 80% | 0% |

来源：瑞芯微电子股份有限公司 2024 年股票期权与限制性股票激励计划（草案）

② 半导体行业"小巨人"股权激励典型案例

在半导体行业专精特新"小巨人"上市公司中，在上市后实施股权激励的比例约为 80%；在上市前后均实施股权激励，且在上市时采用战略配售的比例约为 41%。以公司董事、核心技术人员与管理人员为主要激励对象，上市前，激励人员平均覆盖范围为 18.36%；上市后，激励人员平均覆盖范围为 30.74%。

半导体行业"小巨人"企业华海清科（688120.SH）于 2023 年 3 月 21 日公布了 2023 年限制性股票激励计划（草案）。该计划拟授予限制性股票不超过 160 万股，约占该计划草案公告时公司股本总额的 1.50%。该激励计划首次授予部分限制性股票的授予价格为每股 145.63 元。该激励计划首次授予的激励对象人数为 261 人，约占公司员工总数的 24.55%，包括公司公告该激励计划时在公司（含控股子公司，下同）任职的董事、高级管理人员、核心管理、技术（业务）骨干。其中核心管理、技术（业务）骨干分配 71%，董事、高级管理人员、核心技术人员分配 9%（含核心技术人员 4%），预留部分 20%（如图 6-7）。

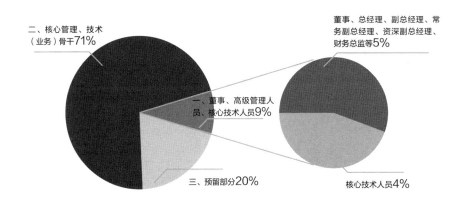

数据来源：华海清科 2023 年限制性股票激励计划（草案）

图 6-7　华海清科 2023 年限制性股票分配情况

## 4. 专精特新"小巨人"企业人才发展策略

### （1）内部导师制

内部导师制依托企业内部人才资源，契合企业发展需要针对性培养适合的人才。浙江工正集团选拔资深员工为导师，与新入职或需要提升技能的员工结成师徒关系。导师们不仅在日常工作中给予徒弟具体指导，还定期组织经验分享会和技术研讨会，促进知识的传递和经验的积累。此外，浙江工正集团还建立了师徒考核机制，确保导师制的有效执行。通过师徒制助力车间员工的基本素质和技能水平提高，让各类人才在企业的发展之中进入了良性发展的轨道。

### （2）校企对接，联合培养

随着校企对接日益成熟，科教协同和产教融合的人才培养模式逐渐形成。各地政府推动校企合作交流，为优化人才供需匹配，助力融合发展提供强劲抓手。山东经典重工集团股份有限公司坚持"科技兴企，人才强企"发展战略，先后与中冶建筑研究总院、同济大学、山东建筑大学、哈尔滨工业大学建立产学研合作关系；聘请高校教授担任技术顾问，组建科研团队。推动智能绿色建筑新材料、新结构等的研发推广，取得国家专利、科研成果 160 余项。

### （3）第三方培养机构与企业对接，外部导师制

外部导师能够为专精特新"小巨人"企业提供新颖视角和专业支持。深圳市龙岗区"领航育成"专项计划以培育更多专精特新企业、推动专精特新企业梯度培育和高质量发展为目标，遴选一批龙岗区优秀企业家，组建导师团，建立"导师带徒"工作机制，为结对企业提供观念指引、咨询辅导、资源链接等"接地气"帮扶。让导师的创新资源与结对企业的创新能力有效汇聚，促进导师与专精特新"小巨人"企业协同创新，培育出更

多国家级专精特新"小巨人"企业。

### （4）"借脑纳智"，人才共享

在研发投入之中，加强与央企国企的人才、平台项目合作，通过"借脑纳智"推动企业数字化、智能化转型升级，为专精特新"小巨人"企业发展提供了强力的人才支撑。北京市西城区搭建巨人港专精特新"小巨人"企业服务平台，协助企业拓展合作圈层，构建政府与企业之间、企业与企业之间融通合作生态，实现人才等资源创新整合。上海合见工业软件集团有限公司注重与上下游企业之间联合开发，建立创新过程中的外部合作机制，推动芯片研发高质量发展。

### （5）内部创新竞赛、技能竞赛制

内部竞赛为激励员工创新创造提供良好平台。福建新大陆自动识别技术有限公司深耕于信息识别领域，针对该行业我国与国际领先水平仍存在差距问题，新大陆始终坚持自主研发核心技术，已实现部分领域国产替代。新大陆的成功源于对研发创新的重视与锻造。过去5年，福建新大陆自动识别技术有限公司年均研发费用投入占营业收入的比重均超10%。通过建立完善的创新体系，包括内部创新竞赛、技术创新奖励等机制，激发员工的创新潜能，推动企业内部的技术创新和产业升级。

### （6）研发专利奖金制

内部人员激励对促进创新具有关键的作用。上海同臣环保有限公司高层对内部创新和专利保护赋予重要意义，为员工发明专利、实用新型专利、外观设计专利等都制定了相应的专利奖励标准。"一个发明专利，有一万元的奖励。不同专利类型有不同的奖励政策。"此外，对年度的战略开发项目设立奖金池，在实施过程中分阶段进行奖励。同时，会对创新研发的市场化表现给予奖励。通过上述方式激励人才引领研发创新并完成系列化产品开发。

### （7）内部平台技能培训与考核制

内部平台技能培训与考核助推员工与企业互促共进，形成自主创新的内生动力。西安奇维科技有限公司成立人才培养基地，实行全开放式的竞争用人机制，实施储备、培养和引进相结合的人才战略。此外，鼓励并安排技术中心人员参与进修和短期学习，公司报销费用，大大提高了科技人员的技能和研究水平。得益于对员工的培训与考核，西安奇维科技有限公司的实力厚积薄发，专利实施率达到 75% 以上，已申请 150 多项自主研发的技术或产品，多项技术处于国内领先地位。

## 二、以高质量人才开发与管理助推新质生产力发展——来自比亚迪的实践

新质生产力是创新起主导作用，摆脱传统经济增长方式、生产力发展路径，具有高科技、高效能、高质量特征，符合新发展理念的先进生产力质态。它由技术革命性突破、生产要素创新性配置、产业深度转型升级而催生，以劳动者、劳动资料、劳动对象及其优化组合的跃升为基本内涵，以全要素生产率大幅提升为核心标志，特点是创新，关键在质优，本质是先进生产力。新质生产力不仅呈现出颠覆性创新、产业链条新、发展质量高等一般特征，在新的时代背景下还具有数字化、绿色化的时代特征。

企业作为市场主体，在引领技术创新、推动绿色及可持续发展方面发挥着重要作用。可以说，新质生产力的提升，归根结底要靠市场中万千家企业的高质量发展来驱动；而一家企业的高质量发展，归根结底靠的是企业中"人"的贡献。因此，从理论层面分析，企业如能实现高质量的人才

开发与管理，必将促进其创新能力及可持续发展能力的提升，最终成功打造核心竞争优势，而万千家企业核心竞争力的提升又将进一步助推全社会范围内新质生产力的发展。在此，我们希望以"解剖麻雀"的方式，对深圳的比亚迪在人才开发与管理方面的实践进行总结与梳理，以期揭示企业通过高质量人才开发与管理助推新质生产力发展的本质规律。

比亚迪自1995年成立以来，一直以"用技术创新，满足人们对美好生活的向往"为愿景，经过20多年的发展，已在全球六大洲设立30多个工业园，业务涵盖电子、汽车、新能源和轨道交通等多个领域。公司在能源获取、存储到应用的全链条上，提供零排放的新能源解决方案，体现了新质生产力的核心理念。同时，比亚迪在电池、电动车核心和混动技术等方面不断突破，自主研发刀片电池，掌握芯片、电机、电控等关键技术，推动汽车产业向高效、高质量、绿色可持续方向发展，也非常符合新质生产力的发展要求。最为关键的是，比亚迪高度注重人才的引进、培养和激励，将人才作为推动新质生产力发展的关键要素，通过一系列有效措施，确保了人才在企业发展中的核心地位。

## 1. 人才资源：坚持人才长期主义，打造内部"人才鱼池"

造物先造人。比亚迪深知推动企业的可持续发展，需要积蓄人才力量。公司成立20余年来，逐步建立起了完善的人才培养机制。无论是初出茅庐的大学生，还是久经考验的职场老兵；无论是高端技术研发人才，还是一线操作工人，在比亚迪都能找到适合他们的学习发展轨道。为期100天的针对应届毕业生的"明日之星·百日蜕变应届生训练营"，以促进和提升明日之星的企业归属感、文化认同感、业务理解度、职业素养和岗位实战能力等为内容线，以高管引路、大咖分享、师徒辅导、线上学习、文化活动、岗位实践等为方法线，以助力明日之星获得未来发展所需的胜任力为成果目标，帮助应届毕业生实现从校园人到企业人的角色转变。

除企业自身的人才培养体系外，比亚迪还积极构建校企合作人才培养机制，2017 年设立博士后创新实践基地，2022 年设立全国首批备案制国家级博士后科研工作站，2023 年已在深圳、重庆、西安三地形成"三站三基地"的博士后培养新格局，培养人数连年攀升。5 年来与中国科学院深圳先进技术研究院、中国科学技术大学、清华大学等的 14 个理工学科 16 个流动站联合培养了 300 多名博士后。

比亚迪始终坚持"生产一线就是培养人才的最佳沃土"，与南宁职业技术大学、南宁技师学院等技工学校合作建立了新能源汽车实训基地。在实训基地的课堂上既能学到新能源汽车领域的先进知识，也能了解到行业的前沿动态。这些学校汽车制造与试验技术专业的学生都会学习新能源电池的知识，期待有一天能进入比亚迪这样的"大厂"工作。截至 2023 年 8 月底，南宁职业技术大学、南宁技师学院共输送 1465 名毕业生到比亚迪就业。

### 2. 人才效能："外引内轮"，实现高质量人岗匹配

比亚迪为吸引劳动力市场上更多的优秀人才，创新性地开展了"进企入厂"直播招聘活动。活动采用了现场直播与"探厂"视频相结合的方式，将比亚迪的真实面貌全方位地展现在广大求职者面前。通过直播镜头，求职者们仿佛身临其境，可以跟随主播的脚步一同走进比亚迪的厂区，深入了解企业的发展历程、各个岗位的工作内容、员工的生活环境和福利待遇，以及公司未来的发展前景。在直播过程中，主播们不仅详细介

绍了比亚迪的企业文化和岗位需求，还积极收集直播间内的高频弹幕问题。针对这些问题，主播们会现场请教比亚迪的人事部门，为屏幕前的求职者们作出准确、及时的解答。通过这种方式，求职者们不仅可以更加直观地了解比亚迪，还可以在直播间内与主播和企业人事进行实时互动，解答心中的疑惑。"进企入厂"直播招聘活动不仅为求职者提供了一个全新的求职体验，也实现了人岗精准匹配的目标。通过直播镜头，求职者们可以更加准确地了解各个岗位的特点和要求，从而选择最适合自己的岗位。同时，通过直播活动，比亚迪也可以更加精准地找到符合企业需求的人才，实现企业与人才的双赢。

针对已经加入企业的员工，必要的轮岗制度有助于促进人才专长与岗位需求之间的精准匹配。不得不说，产业的多元化使得比亚迪可以为员工提供更广阔的"横向职业舞台"。经过几年的业务整合，比亚迪目前在手机零部件、电池、汽车和相关产业上都积累了雄厚的实力，并且已经在印度、罗马尼亚等地开始规划和建设工厂。随着多元化的加深与海外市场的拓展，越来越多的岗位类型进入了比亚迪的组织结构。在这样的前提下，员工在公司内部的岗位选择也变得更加丰富，不需要冒更换雇主的风险就能调整发展路径，在公司内部尝试不同的产品线、不同的业务类型、不同的技术、不同的职能，等等。总之，既有快速向上晋升的机会，也有在宽广天地里横向调换的可能，这是比亚迪为员工提供职业舞台的一大特色。

### 3. 人才载体：搭建多层次学习型组织，实现人力资本增值

在校园招聘的过程中，比亚迪的招聘专员并不会特别地关注学生的现有知识，而是更多地把考查点放在学生的学习能力与基本素质上，因为当应届毕业生进入比亚迪后，公司将会为其提供业务所需的全套学习内容。

在比亚迪，每一天都有课程在举办，培训工作可谓全年无休。用比亚迪人力资源部部长刘焕明的话说，"学生大学毕业后迈进比亚迪，就像又迈进了另外一所大学"，因此每年应届毕业生的培训工作都是人力资源部的重点项目。这些培训既有脱产培训，又有在岗培训；而且按照销售、技术研发和管理等职能类别进行了详细分类，员工可以根据自己的岗位及兴趣进行选择。同时，是否参加了相应的培训也是员工能否获得晋升资格的一个必要条件。

在比亚迪内部，已逐步搭建起了一个多层次的组织学习系统。以新员工、专业人员、管理干部和所有员工为对象，覆盖技术、营销、运营、综合四大领域的岗位，以课程面授、线上直播、案例研讨、拓展活动等多种创新形式，努力打造知识型、技能型的人才队伍。与此同时，比亚迪还积极推进数字化人才培养平台的建设工作，搭建了 E-learning 在线学习平台，为比亚迪知识的萃取、经验的传承提供了很好的承载，让员工随时、随地都可以获取知识。

### 4. 人才环境：全面激励，点燃人才创新活力

依靠人才驱动创新，助推新质生产力的发展，需要建立多层次、全方位的人才激励体系。比亚迪曾出台专门的人才管理办法，建立能上能下的人才管理模式，实施"腾龙计划"，根据不同层级人员，建立"人才库"，分为雏龙库、潜龙库、见龙库、惕龙库、跃龙库、飞龙库共 6 个人才库位，实行动态管理，充分挖掘和激励人才资源。

比亚迪内部每个层级的员工晋升都需要经过严格的考核。公司共有 ABCDEFGHI 9 个大级别，每个大级别又细分有 3 个小级别。其中，A 级是总裁，B 级是副总裁、总工程师，C 级是事业部老总，D 级是部门经理，

E级是科长，F、G级是工程师，H级是技术人员，I级是普工。要想升级，必须经过考核，并且晋升制度秉承着"先培训、后上岗"的原则，员工晋升前需要先学习完公司指定的课程。此外，受过公司警告处分的人员半年内不能晋升，受公司记过及以上处分的人员一年内不能晋升。

比亚迪支持有能力的员工在短期内迅速晋升，不排斥不压抑任何快速发展的可能，有的应届本科生甚至在一年半之后就能够带领团队，成为独当一面的人才，自然其待遇也会有大幅提升。公司晋升机制中关于人才发展路线有明确的规定，一位领导最长不超过半年就要正式地检查团队中每位员工的工作状态和未来发展方向，进而为新员工的个人发展提供指导和帮助，向新员工传达公司的关注和期待，避免应届大学生刚刚走上工作岗位就产生失落感。论功行赏、赏罚分明，是比亚迪人力资源管理的一个特点，例如"做好什么工作可以晋升""完成哪项指标可以晋升""晋升到什么位置可以得到什么待遇""什么时候可以拿到多少股份"，这些在许多公司忌讳谈论的话题，在比亚迪则要求上下级之间把这些问题拿到桌面上进行正式的沟通、讨论和确认，让员工，特别是新员工对自己在比亚迪的个人发展有非常清晰的预期，有源源不断的冲劲和动力。

薪酬方面，为留住高潜力人才，比亚迪于2022年起，推行员工持股计划，而且员工购买的股份居然是"零元购"。虽然员工持股计划是目前上市公司选择留住人才、吸引人才的常用方式，但是员工无须出资的仍为少数。员工持股计划参与员工总数不超过12000人，包括比亚迪的职工代表监事、高管以及集团的中层管理人员、核心骨干员工。通过非交易过户等法律法规允许的方式受让公司拟回购的公司股票，受让价格为0元/股。该持股计划一方面改善了公司治理结构，通过建立长期有效的激励和约束机制，提高公司的整体价值；另一方面也为公司留住了优秀的管理人员和业务骨干，充分激发了各类人才的工作主动性和组织忠诚感。

福利方面，比亚迪的员工福利几乎覆盖了衣食住行的方方面面。住房保障方面，比亚迪建立了自己的亚迪村，并以远低于市场价出售给员工，为员工解决了住房问题，提供了住房保障；出行保障方面，比亚迪为员工提供 0 首付购车的福利政策，并且还提供 3 年内免利息的福利，购车的员工每月还能领取购车补贴；教育保障方面，比亚迪与深圳中学联合办了亚迪学校，学校师资雄厚，为员工提供了完善的教育保障，让员工的子女上学无忧。

### 5. 人才环境：以人为本，构建和谐劳动关系

人才作为驱动企业创新发展的核心资源，其鲜明特点是"保有能力"和"发挥能力"的不同。也就是说，当人才未受到组织足够的尊重和重视时，其才华难以显现。因此，构建和谐劳动关系，打造幸福企业，对于充分发挥人才价值而言至关重要。在这方面，比亚迪注重为员工提供精细化、常态化的关爱服务。公司时刻关注员工的生活状态，积极倾听他们的心声，及时回应他们的需求。通过举办各类文化活动、团队建设活动，增进员工之间的交流与沟通，营造和谐的工作氛围。同时，公司还制订员工帮助计划，为员工提供心理咨询、职业规划等支持，帮助他们解决生活中的困惑与难题。这些举措不仅提升了员工的归属感和幸福感，也激发了他们的工作热情与创造力。

在"以人为本"的理念驱使下，比亚迪一直致力于对员工健康安全的保护。公司分别从职业健康管理体系建设、安全文化建设两个方面保障员工的职业健康与安全生产。公司内部建立了完善的职业健康安全管理体系，设置 EHS 安全生产管理委员会，下设安环办公室，建立安全生产责

任制度，建立健全危险识别、评估、检查、事故调查等安全管理制度，积极开展场所检测和员工的三期职业健康体检监护，采取职业卫生防护措施。通过体验式、情境式的场景，让比亚迪员工充分认知安全风险，增强安全意识，理解安全规章的内容，掌握必要的安全技能。此外，比亚迪充分利用安全评比基金制度，通过设置 EHS 十佳领导力特色安全班组等奖项，搭建总结及评比平台，阶段性组织安全先进评比，发掘及沉淀有效的安全管理经验及办法，落实安全生产先进标杆计划，激发基层对安全文化参与热情，显著地提高了比亚迪人的安全意识。

随着经济全球化和技术革新的不断推进，企业之间的竞争愈发激烈。在这样的背景下，比亚迪所展示的人才开发与管理实践，不仅为其自身的可持续发展奠定了坚实的基础，更为整个社会新质生产力的提升提供了宝贵的经验和启示。比亚迪的成功案例证明，企业要想在新时代的浪潮中立于不败之地，就必须重视人才、培养人才、激励人才，并以此作为推动创新和高质量发展的核心动力。通过不断优化人才管理体系，构建学习型组织，以及营造积极向上的企业文化，企业可以激发员工的潜力，促进创新思维的涌现，最终实现生产力的飞跃。

## 三、向绿求新：绿色人才的政策激励与企业实践

新质生产力是"新"和"质"相结合的生产力，是符合新发展理念的生产力形态。它具有绿色发展的内在属性，也蕴含着人与自然和谐共生的价值追求。习近平总书记指出："绿色发展是高质量发展的底色，新质生产力本身就是绿色生产力。"以绿色为底色发展新质生产力，是实现高质量发展和中国式现代化的重要支撑。绿色生产力是一种环境友好的可持续

发展的生产力，其中，绿色人才这一最具能动性、革命性的生产要素，占据着主导地位。根据联合国环境规划署的定义，绿色人才是指包括环境和生态系统的基础设施建设、清洁技术、可再生能源、废物管理、生物多样性、绿色建筑和可持续交通等领域的各类专业技术人才。他们能更好地驱动高新科技化的劳动对象和劳动资料来推动绿色生产力发展。正因如此，绿色人才正成为绿色生产力中的主导因素。根据《2022 年全球绿色技能报告》，2021 年中国对绿色技能有要求的职位占总招聘数量的 50%，如可持续发展经理、生态学家、合规经理等。该数据表明了绿色人才对中国经济发展转型的重要性。中国石油和化学工业联合会数据也佐证了上述观点："十四五"期间，中国需要的"双碳"人才在 55 万名到 100 万名，但目前人才供需却存在着较大缺口。由于绿色生产力发展对绿色人才的迫切需要和绿色人才的稀缺，中央与地方大力从"引、育、留、用"四方面为绿色人才发展提供支持。企业本身也采取各种绿色人才吸引和支持策略，努力培养符合绿色生产力发展的人才队伍。

## 1. 绿色人才政策梳理

为培育绿色生产力，加快发展方式绿色转型，中央明确要求创新绿色人才培养模式，促进绿色职业体系的构建与完善；围绕绿色生产生活与生态环境可持续发展重点产业加强人才需求预测，鼓励高等学校促进传统专业转型升级、建设绿色学科，深化产教融合协同育人；完善重点领域绿色人才分配激励办法，并不断加大海外高层次人才引进力度。

为贯彻落实中央指示，各地区因地制宜，依据产业发展状况，从"引、育、留、用"制定绿色人才政策。由于东部、中部和西部地区在经济发展条件上的差异，各地区人才政策在"引、育、留、用"上也存在着不同的侧重点，具体政策如下文所示。

**（1）西部地区绿色人才政策**

西部大开发战略实施以来，西部地区积极推进产业升级，高度重视绿色可持续发展，现已打造新材料、医药生物等 9 个国家级战略性新兴产业集群和电子信息、航空等 5 个国家级先进制造业集群。在此进程中，该区域面临着生态维护与修复的双重要求，为清洁能源、生态农业及环保等绿色产业的发展开辟了广阔空间，对绿色人才的需求与日俱增。

在引才方面，西部地区积极联动中东部地区，落实对口援助政策，搭建企业引进高层次急需紧缺人才创新创业聚集平台。如重庆市积极响应"长江人才走廊绿色发展"的创新探索，政产学研联动强化长江人才带绿色支撑，在共享绿色人才机制方面先行先试。藏疆青积极推进实施"东西部人才对口交流计划""中西部地区和少数民族地区生态环保人才支持计划"，在职务职称晋升、津贴补贴等方面采取倾斜政策，引导生态环保专业的优秀毕业生到西部贫困地区工作，并柔性引进系统土壤生态环境、自然生态保护专业技术人才任职业务干部。新疆地区通过支持区内科研单位与国际国内高水平研究机构和院校之间开展环境合作与交流，逐步实现跨区域人才资源共享。甘肃省建立绿色生态产业发展专家智库，面向国内外选聘绿色生态产业发展领域的经济技术类高层次专家，为绿色产业规划、项目建设、投融资等出谋划策。

在育才方面，西部地区采取资助绿色人才进修，依托各类绿色人才培养工程，联动院校、专业机构与企业定向培养绿色人才的模式。如新疆地区依托国家生态环境科研领军人才工程、环境监测人才工程等重大人才培养计划，选拔并培养环境学科学术、技术带头人和科技骨干；实施自治区辐射环境监督站与新疆大学物理学院、南华大学联合培养人才计划；积极与生态环境部（原环境保护部）环境监察局对接，加入"全国环境监察远程培训"范围，建立规范化的远程培训制度。甘肃省采取企业现代学徒制人才培养制度，选择一批绿色生态产业骨干企业开展现代学徒制培训，"企校双制、工学一体"的模式，通过企校双师带徒、产教融合，对企业技能岗位新聘用人员和新转岗人员开展学徒制培训，强化技能训练，加快后备技能人才培养。

在留才方面，西部地区设立配套奖项激励绿色生态产业创新人才，为绿色人才提供"一对一"VIP 服务，并不断加强安全保障条件建设。如甘肃省发布安居优惠奖补政策，为引进的绿色生态产业经济技术类人才在项目审批、技术入股、知识产权保护等方面提供特殊扶持服务，保障绿色人才享有地厅级医疗保健服务，并积极落实引才时所承诺的配偶就业、子女入学、落户等问题，形成完整贯通的人才引留政策链条，优化绿色人才的发展环境。青海省鼓励支持绿色算力领域高层次人才申报青海省"昆仑英才·高端创新创业人才"项目，他们可享受住房保障、经费支持、职称评审等方面待遇。新疆地区建立以政府奖励为导向、用人单位奖励为主体、社会力量奖励为补充，多元化的环保人才奖励制度，探索高层次人才、高技能人才年薪制、协议工资制和项目工资制等多种分配形式，加强基层地区从事环保工作及从事核与辐射安全一线工作人员的安全保障条件建设。

在用才方面，西部地区健全科研人员激励机制，实行绿色特殊人才评价，联合企业、高校、科研机构等搭建绿色创新联合体，推动推进科技创新成果转化。如云南省健全科研人员评价激励机制，允许具有降低消耗、减少污染和改善生态应用的绿色技术发明人或研发团队以持有股权、分红等形式获得技术转移转化收益；联动龙头企业、高校、科研院所、产业园区、金融资本等力量，建立市场化运行的专业绿色技术创新联合体，推动形成"技术创新—试验示范—产业应用"的闭环体系。贵州省开展"省外研发＋贵州转化"试点，充分利用现有省级各类政府投资基金，支持企业、高校、科研机构建设绿色技术领域科技企业孵化器、专业化众创空间，促进成果转化。

表6-2　西部地区人才政策梳理

| 政策目的 | 引 | 育 | 留 | 用 |
|---|---|---|---|---|
| 政策内容 | 实施"东西部人才对口交流计划"，推进实施"中西部地区和少数民族地区生态环保人才支持计划"。<br>——新疆维吾尔自治区环保系统人才队伍建设"十二五"规划<br><br>建立绿色生态产业发展专家智库。面向国内外选聘相关领域高层次专家，建立专家智库。根据绿色生态产业发展需要，随机抽调相关专家组成咨询小组，为产业规划、项目建设、投融资等出谋划策。<br>——生态环境保护人才发展中长期规划（2010—2020年） | 实施环境监测人才工程；实施自治区辐射环境监督站与新疆大学物理学院、南华大学联合培养人才计划。<br>积极与环保部环境监察局对接，加入"全国环境监察远程培训"范围，建立规范化的远程培训制度。<br>——新疆维吾尔自治区环保系统人才队伍建设"十二五"规划<br><br>定向培养急需紧缺人才。通过订单、定向方式加快培养一大批合格的绿色生态产业人才，扩大相关院校定向招生比例；实施企业现代学徒制人才培养制度。选择一批绿色生态产业 | 提供安居优惠条件。对引进的绿色生态产业特需顶尖人才，可选择租住面积150平方米左右住房，用人单位可全额补贴房租。<br>建立以政府奖励为导向、用人单位奖励为主体、社会力量奖励为补充，多元化的环保人才奖励制度；探索高层次人才、高技能人才年薪制、协议工资制和项目工资制等多种分配形式；加强基层、边远艰苦地区从事环保工作及从事核与辐射安全一线工作人员的安全保障条件建设。<br>——新疆维吾尔自治区环保系统人才队伍建设"十二五"规划 | 健全科研人员评价激励机制，增加绿色技术创新科技成果转化数量、质量、经济效益的比重。允许绿色技术发明人或研发团队以持有股权、分红等形式获得技术转移转化收益，离岗后仍保持有股权的权利。<br>支持龙头企业、骨干企业牵头，联合高校、科研院所、产业园区、中介机构、金融资本等力量，依法依规建立具有独立法人地位、市场化运行的专业绿色技术创新联合体，实施绿色技术领域产学合作协同育人项目， |

续表

| 政策目的 | 引 | 育 | 留 | 用 |
|---|---|---|---|---|
| 政策内容 | 依托国家生态环境科研领军人才工程、自治区天山英才工程、青年科技创新人才培养工程、新型工业化人才保障工程等重大人才培养计划。<br>——新疆维吾尔族自治区环保系统人才队伍"十二五"规划 | 骨干企业开展"企校双制、工学一体"的模式，强化技能训练，加快后备技能人才培养。<br>——甘肃省人民政府办公厅关于经济技术类人才工作助推绿色生态产业发展的指导意见<br><br>鼓励支持绿色算力领域高层次人才申报青海省"昆仑英才·高端创新创业人才"项目，对直接引进的杰出人才、领军人才、拔尖人才执行昆仑英才行动计划的相关政策，并享受住房保障、配偶就业、子女教育、项目申报、经费支持、职称评审等方面待遇。<br>——青海省促进绿色算力产业发展若干措施 | 发布安居优惠奖补政策，为引进的绿色生态产业经济技术类人才在项目审批、技术入股、知识产权保护等方面提供特殊扶持服务，保障绿色人才享有地厅级医疗保健服务、配偶就业、就近安排子女入学、随到随办落户等服务。<br>——甘肃省人民政府办公厅关于经济技术类人才工作助推绿色生态产业发展的指导意见 | 推动形成技术创新—试验示范—产业应用的闭环体系。<br>——云南省发展和改革委员会云南省科学技术厅关于印发《云南省关于构建市场导向的绿色技术创新体系的实施意见》的通知<br><br>加速科技成果转化。开展"省外研发＋贵州转化"试点，创建国家科技成果转移转化示范区。积极争取国家科技成果转化引导基金，充分利用现有省级各类政府投资基金，支持企业、高校、科研机构建设绿色技术领域科技企业孵化器、专业化众创空间，加快先进适用技术推广应用。<br>——贵州省人民政府关于加快建立健全绿色低碳循环发展经济体系的实施意见 |

综上所述，西部地区绿色人才政策围绕生态保护与绿色发展的核心，凸显出合作、引育留用并举的特点，包括有效对接中东部资源的跨区域合作引才策略、结合地方特色产业和环境需求的系统化育才体系、综合性的留才措施、促进绿色技术创新和成果转化的创新驱动用才机制，为西部地区的绿色转型与可持续发展提供了坚实的人才支撑。

**（2）中部地区绿色人才政策**

近年来，随着中部崛起和"一带一路"倡议的推进，中部地区的产业发展迅速，但同时也面临着转型升级、绿色发展与高端人才流失的挑战。在这样的背景下，"育好"人才与"留住"人才是中部地区绿色人才政策的关键点。

在育才方面，中部地区在高校、科研院所等方面进行布局，推动绿色人才培养。如郑州大学成立绿色发展研究院，重点聚焦河南能源革命和产业革命；郑州市教育局在实践教学建设的示范性实训基地、产教融合创新试点院校等评审及建设中，对涉及"双碳"的项目进行政策、资金倾斜。目前山西省有太原理工大学、中北大学等13所本科高校开设了新能源科学与工程、新能源材料与器件等6个新能源相关专业，山西财经大学成立双碳产业研究院。安徽省加强与清华大学、中国科学技术大学等大学、大院、大所的合作，体系化共建一批高水平新型研发机构，集聚一流科研人才和团队。

表 6-3　中部地区人才政策梳理

| 政策<br>目的 | 育 | 留 |
| --- | --- | --- |
| 政策<br>内容 | 郑州大学成立绿色发展研究院，重点聚焦河南能源革命和产业革命，郑州市教育局在实践教学建设的示范性实训基地、产教融合创新试点院校等评审及建设中，对涉及"双碳"项目进行政策、资金倾斜。<br>——关于加快"双碳"人才队伍建设的提案——对市政协十五届一次会议第 20230534 号提案的答复<br><br>目前山西省有太原理工大学、中北大学等 13 所本科高校开设了新能源科学与工程、新能源材料与器件等 6 个新能源相关专业。<br>——【中央媒体关注山西】让"绿色动力"竞相迸发——山西加快发展新能源产业透视<br><br>山西财经大学成立双碳产业研究院。<br>——山西财经大学国家级人才实现历史性零的突破——山西财经大学举行双碳产业研究院揭牌暨全职引进首位国家级人才聘任仪式<br><br>安徽省加强与清华大学、中国科大等大学、大院、大所合作，体系化共建一批高水平新型研发机构，集聚一流科研人才和团队。<br>——营造"近悦远来"人才强磁场 | 河南省将"双碳"人才纳入高层次人才及重点产业急需紧缺人才支持范围。对符合高层次人才认定条件的"双碳"人才，按照认定级别，分别给予个人奖励与首次购房补贴。<br>——关于加快"双碳"人才队伍建设的提案——对市政协十五届一次会议第 20230534 号提案的答复<br><br>安徽省编制省市县高层次人才分级分类目录，建立服务清单，组建服务专员，精准实施服务保障，推进高层次人才就医、子女上学、出行等 27 项优待服务落地。<br>——关于印发《安徽省高层次人才分级分类目录》的通知<br><br>创新和完善环保高层次人才引进机制和政策。积极支持事业单位面向国内外公开招聘高层次领军人才和学科、技术带头人。核电专业属于急需紧缺专业，支持核与辐射安全监管机构与相关高校建立联合培养模式，引进核与辐射监管人才。创新引进方式，通过支持区内科研单位与国际国内高水平研究机构和院校之间开展环境合作与交流，逐步实现跨区域人才资源共享。通过项目带动等多种方式，培养高层次复合型人才。<br>——关于实施"才聚荆楚"工程促进高校毕业生就业创业的若干措施 |

在留才方面，中部地区通过提供有竞争力的薪酬待遇、住房补贴、子女教育等优惠政策，建立激励机制与发展平台，为区域经济的绿色发展和可持续发展提供有力的人才保障。如湖北推行先落户后就业，并为高校毕业生发放租房和生活补贴。安徽省编制省市县高层次人才分级分类目录，

建立服务清单，组建服务专员，精准实施服务保障，推进高层次人才就医、子女上学、出行等27项优待服务落地。河南省将"双碳"人才纳入高层次人才及重点产业急需紧缺人才支持范围。对符合高层次人才认定条件的"双碳"人才，按照认定级别，分别给予个人奖励与首次购房补贴。

综上所述，中部地区的绿色人才政策在注重提高人才质量与增加人才数量的同时，突出专业人才的留用。通过产学研深度融合、创新驱动与成果导向、全面支持与持续发展等措施，鼓励人才在绿色科技领域进行探索和创新，确保绿色人才能够在中部地区实现自我价值和社会价值的双重提升。

**（3）东部地区绿色人才政策**

相较中西部，东部地区拥有实力更加雄厚的产业基础与丰沛的人才资源，总体产业发展情况呈现出数字化、智能化、服务化的趋势。其绿色人才政策不仅要注重用才，也要拓展人才来源，发挥地区国际化优势。

在引才方面，东部地区许多城市出台专门的绿色人才引进政策，积极举办人才交流会与招聘会。如上海市在《关于加快建设具有全球影响力的科技创新中心的意见》中明确提出，要大力引进和培养绿色能源、环境保护等领域的创新人才。浙江省定期举办"海外学子浙江行"活动，邀请海外绿色科技领域的专家学者和创业者前来交流，吸引其到浙江发展。深圳积极引进国际绿色科技企业，为绿色人才提供更多的就业机会。

在用才方面，东部地区优化人才环境，完善出台一揽子人才政策体系，提高人才评价针对性、精准性、公平性，释放人才活力。如浙江、江苏等省支持在示范区建立统一的产业人才评价体系和高端人才评价标准，开展职称联合评审；建立继续教育学时互认机制，畅通人才流动渠道。上海市对标国际绿色发展规则，加强绿色转型领域相关人才、技术和项目等方面的交流合作，促进全球绿色先进技术和关键环节与国内产业化优势对接融合，按照国家对外开放总体部署推动更高水平国际合作。

综上，东部地区的绿色人才政策紧密围绕经济高质量发展与绿色转型的双重目标，呈现出精准引进、国际接轨的特点。依托开放的经济环境和国际化的人才市场，东部地区实施精准化的人才引进策略，重点吸引具有全球视野和创新能力的高端绿色人才；构建与区域产业发展相匹配的绿色人才培养体系，培养兼具专业知识和实践能力的绿色人才，为东部地区的绿色经济发展和生态文明建设注入了强劲的人才动力。

表 6-4　东部地区人才政策梳理

| 政策目的 | 育 | 留 |
|---|---|---|
| 政策内容 | 要大力引进和培养绿色能源、环境保护等领域的创新人才。<br>——关于加快建设具有全球影响力的科技创新中心的意见<br><br>深圳积极引进国际绿色科技企业，为绿色人才提供更多的就业机会。<br>——碳寻龙岗｜绿色引领，碳索未来！深圳国际低碳城·低碳季将在龙岗举行<br><br>浙江省定期举办"海外学子浙江行"活动，邀请海外绿色科技领域的专家学者和创业者前来交流，吸引其到浙江发展。<br>——人才与产业的双向奔赴 第十四届"海外学子浙江行"在杭启动 | 浙江、江苏等省支持在示范区建立统一的产业人才评价体系和高端人才评价标准，开展职称联合评审；建立继续教育学时互认机制，畅通人才流动渠道。<br>——浙江省促进长三角生态绿色一体化发展示范区高质量发展条例、江苏省促进长三角生态绿色一体化发展示范区高质量发展条例、上海市促进长三角生态绿色一体化发展示范区高质量发展条例 |

续表

| 政策目的 | 育 | 留 |
|---|---|---|
| 政策内容 | | 上海市对标国际绿色发展规则，加强绿色转型领域相关人才、技术和项目等方面的交流合作，促进全球绿色先进技术和关键环节与国内产业化优势对接融合，按照国家对外开放总体部署推动更高水平国际合作。<br>——**上海市发展方式绿色转型促进条例** |

结合产业发展和人才资源情况，各地区的绿色人才政策呈现出差异性和共性并存的特点。首先，各地区绿色人才政策的侧重点有所不同。如中部地区以"育好"人才与"留住"人才作为绿色人才政策的关键点；而东部地区则不仅强调人尽其用，更强调人才来源的扩展。其次，各地区绿色人才政策在具体内容和方式上也有所差异。如在引人政策方面，东部地区立足地区发展优势，重点吸引国际化高端绿色人才；而西部地区则依托政策优势，强调与中部和东部地区人才的联动共享。当然，各地区人才政策也存在共通之处，都基于地方特色产业构建绿色人才培养体系和绿色人才激励体系，为本地区的绿色发展奠定人才基石。

### 2. 企业绿色人才发展实践

为响应政策号召并促进自身的可持续发展，许多企业已经在绿色人才的"引、育、留、用"方面进行了一系列前沿实践。

首先，为引进绿色人才，企业注重自身品牌建设，从岗位建设和招聘模式等方面齐发力，进而构建完整的人才结构。具体而言，上海轩邑新能源发展有限公司曾携手领英定制个性化绿色人才吸引政策，通过打造新能源全产业链的生态布局、创造激励性的工作平台、提升薪资福利和贯彻地域性人才引进落户政策等措施增强岗位的吸引力。威胜集团有限公司希望获取深谙企业社会责任和可持续发展的管理人才，于是从多元化招聘渠道的开拓着手，既兼顾国内社交媒体、招聘网站和校园招聘等渠道，又善于借助国际交流与合作平台，为公司的绿色人才储备持续注入动力。

其次，为培育绿色人才，企业对外加强校企合作，对内创新培训模式，确保绿色人才的素质和企业发展需求紧密贴合。一方面，校企联合培养是打造绿色人才的重要途径。例如施耐德电气（中国）有限公司与职业院校达成深度合作，向学生传授绿色低碳的理念和知识，并引导其掌握生产、运营与管理的相关技术，培育了一批又一批理论与实践并重的绿色人才。另一方面，企业内的培训计划是绿色人才发挥潜能的必要保证。从手段来看，以威胜集团有限公司为例，其针对不同层级的员工实施个性化绿色创新发展培训体系，包括针对应届生的"新威力"系统培训和面向基层、中层和高层干部的"潜龙、跃龙、飞龙"系统培训，注重绿色知识、绿色技能和创新思维的针对性培养，并通过企业新型学徒制、技能领军人才和劳模工匠师徒的"结对子"等方式，帮助年轻的绿色产业人才解决技术与实际操作中的难题，进而以老带新，薪火相传；从成果来看，通过绿色培训制度的贯彻，浙江禾欣实业集团股份有限公司中超过 90% 的中高层管理人员由基层工作表现出色的人才竞争上岗，使企业在绿色商机捕捉、绿色价值链创新和环境风险控制等方面形成显著竞争优势，这进一步证实了绿色培训体系的效力。

再次，为留用绿色人才，企业采取了多维度的策略，旨在创建一个既能满足绿色人才职业发展需求又能体现其价值的工作环境。从职业发展机会和激励机制来看，企业通过设计明确的职业晋升路径、实施科研激励计划及知识产权共享机制，构建与绿色绩效相结合的奖励系统，以此强化绿色行为并持续激活人才的创新潜力。例如晶澳太阳能有限公司坚持绿色发展方向，坚守人才大局观，发展清洁能源，持续节能减排，以"开发太阳能，造福全人类"为使命，以人才战略为公司战略的核心，从学历提升、专项培养计划、特殊奖励机制着手建设全面的人才培养与薪酬激励体系，为绿色人才提供广阔的职业发展路径。从企业文化和员工培训来看，企业注重增强员工归属感和认同感，让员工感受到企业的长期投资和对个人成长的承诺。隆基绿能科技股份有限公司即是一个范例，它持续为绿色人才打造稳健可靠的个人成长与发展平台，坚持"尊重、机会、激励"的用人理念，贯彻落实"赋能、赋权、激发活力"的管理指导思想，进而塑造了"可靠、增值、愉悦"的人才环境。

最后，在绿色人才的有效使用上，企业坚持绿色和可持续发展理念，全面推行绿色人力资源管理措施，涵盖绿色选聘、绿色教育、绿色绩效评价、绿色薪酬体系及鼓励员工参与环保行动等多个维度，确保绿色人才的专业技能得到最优化利用。比如，阿里巴巴大力倡导并支持所有员工参与到生态文明导向的绿色低碳企业文化建设中，集合并引导绿色人才的智慧与力量，凭借云计算优化和能源转型、物流减排、可持续采购策略强化绿色供应链管理，增加绿色商品供应与销售，彰显了绿色人才在企业数字化转型进程中的核心影响力。

## 参考文献

[1] 中共中央 国务院关于完整准确全面贯彻新发展理念做好碳达峰碳中和工作的意见 [EB/OL].(2021-09-22)[2024-05-31]. https://www.gov.cn/gongbao/content/2021/content_5649728.htm.

[2] 李婷，李娟娟．威胜集团：构建产业人才技能提升体系 [J]．中国人才，2021(3)：86-87．

[3] 唐贵瑶，陈琳，孙玮，陈梦媛．如何让员工"爱司所爱，行司所行"？基于社会信息处理理论的绿色人力资源管理与员工绿色行为关系研究 [J]．南开管理评论，2021，24(05)：185-193．

[4] 唐贵瑶，陈琳，陈扬，刘松博．高管人力资源管理承诺、绿色人力资源管理与企业绩效：企业规模的调节作用 [J]．南开管理评论，2019，22(04)：212-224．

[5] 张子健，王思力．动态能力视角下环境战略转型影响企业高质量发展的机理研究——以江西铜业为例 [J]．管理案例研究与评论，2024，17(01)：123-148．

[6] 王水嫩，马晓思，陈晴．企业绿色管理形成竞争优势的机理研究——以禾欣实业为例 [J]．管理案例研究与评论，2014，7(6)：503-510．

[7] 吴义强．加快构建绿色发展的支撑体系 [N]．光明日报，2023-10-10(6)．

[8] 领英．2022 全球绿色技能报告 [R]．北京：领英，2022．

[9] 领英．2023 全球绿色技能报告 [R]．北京：领英，2023．

[10] 阿里巴巴集团．2021 阿里巴巴碳中和行动报告 [R]．杭州：阿里巴巴集团，2021．

[11] 重庆市人力资源和社会保障局，中国长江经济带发展研究院．中国长江经济带绿色发展人才报告（2021）[M]．重庆：重庆出版社，2022．

[12] 浙江省人民代表大会常务委员会．浙江省促进长三角生态绿色一体化发展示范区高质量发展条例 [Z]．浙江省第十四届人民代表大会常

务委员会公告〔2024〕16号，2024-03-29.

[13]江苏省人民代表大会常务委员会.江苏省促进长三角生态绿色一体化发展示范区高质量发展条例[Z].江苏省人大常委会公告〔2024〕14号，2024-03-29.

[14]上海市人民代表大会常务委员会.上海市发展方式绿色转型促进条例[Z].上海市人民代表大会常务委员会公告〔2023〕19号，2023-12-28.

[15]中华人民共和国教育部.教育部关于印发《加强碳达峰碳中和高等教育人才培养体系建设工作方案》的通知[Z].教高函〔2022〕3号，2022-04-19.

[16]国务院.国务院关于印发2030年前碳达峰行动方案的通知[Z].国发〔2021〕23号，2021-10-26.

[17]环境保护部，国土资源部，住房和城乡建设部，水利部，农业部，国家林业局，中国气象局.关于印发《生态环境保护人才发展中长期规划（2010—2020年）》的通知[Z].环发〔2011〕55号，2011-05-04.

[18]云南省发展和改革委员会.云南省发展和改革委员会 云南省科学技术厅关于印发《云南省关于构建市场导向的绿色技术创新体系的实施意见》的通知[Z].云发改资环〔2019〕990号，2019-11-13.

[19]青海省数据局，青海省发展和改革委员会，青海省工业和信息化厅，青海省科学技术厅，青海省人力资源和社会保障厅.关于印发《青海省促进绿色算力产业发展若干措施》的通知[Z].青数〔2024〕11号，2024-03-21.

[20]甘肃省人民政府办公厅.甘肃省人民政府办公厅关于经济技术类人才

工作助推绿色生态产业发展的指导意见 [Z]. 甘政办发〔2018〕107号，2018-06-19.

[21] 湖北省人民政府办公厅. 省人民政府办公厅印发关于实施"才聚荆楚"工程促进高校毕业生就业创业若干措施的通知 [Z]. 鄂政办发〔2021〕44号，2021-10-01.

[22] 环境保护部办公厅. 环境保护部专业技术领军人才和青年拔尖人才选拔培养办法（试行）[Z]. 环办〔2013〕39号，2013-04-16.

[23] 环境保护部办公厅. 环境保护部引进高层次专业技术人才实施办法（试行）[Z]. 环办〔2013〕40号，2013-04-16.

[24] 环境保护部. 环境保护部关于加强基层环保人才队伍建设的意见 [Z]. 环发〔2014〕170号，2014-11-18.

[25] 汪永安. 安徽：营造"近悦远来"人才强磁场 [N]. 安徽日报，2023-10-20(2).

[26] 新疆维吾尔自治区生态环境厅. 新疆维吾尔自治区环保系统人才队伍建设"十二五"规划 [Z]. 2012-08-23.

[27] 赵东辉，梁晓飞，王劲玉. 让"绿色动力"竞相迸发——山西加快发展新能源产业透视 [N]. 新华社，2024-04-15.

[28] 国家发展和改革委员会，上海市人民政府. 上海市建设具有全球影响力的科技创新中心"十四五"规划 [Z]. 2021-09-29.

[29] 中国青年网. 铸就绿色智慧：校企合作探索职业教育绿色人才培养转型之路（2024-0301）[2024-05-31] [EB/OL]. https://d.youth.cn/xw360/202403/t20240301_15106597.htm.

[30] 庄瑞玉，黄赞耿，张菲妮. 创新就业举措拓宽就业渠道 [N]. 深圳特区报，2022-12-14(A07).

[31] 罗诚瑞.比亚迪智力资本价值创造问题探究 [D].南昌：江西财经大学，2023.

[32] 卢衍帅.企业家精神视角下社会资本对经营绩效的影响 [D].济南：山东大学，2020.

[33] 孟振兴.让劳动者的创新才智充分涌流 [N].广西日报，2023-12-08(009).

[34] 3.18万名应届生陆续入职！比亚迪与年轻人共赴新能源发展新未来 [J].城市公共交通，2023(08)：88-89.

[35] 韩星媛，纪晶华.中国汽车行业可持续发展路径探析——以比亚迪为例 [J].中小企业管理与科技，2023(06)：146-148.

[36] 区乐廷，王丹.比亚迪：家园与梦想 [J].人力资源，2008(14)：38-41.

[37] 芮守成.知名企业激励员工的实践 [J].商场现代化，2011(09)：104.

第7章

# 结论与政策建议

本章从 4 个角度对全报告进行总结，总结结论表明，我国新质生产力人才建设的总体水平较低，城市间新质生产力人才指数较为悬殊，地区间新质生产力人才发展不均衡与各新质生产力人才评价维度之间发展不均衡，并且针对这些结论提出人才培养的相关政策指导意见。政策建议指出，需要加强完善我国自主培养人才的体系，健全人才交流互通的平台载体，深化人才保障机制和激励机制以及建立创新引进海外高端人才的制度。本章对全报告进行了概括性的总结，提出了建设性的政策意见，为政府提供了指导作用，具有重大的现实意义。

# 一、结论

本报告通过选择人才资源、人才环境、人才效能和人才载体 4 个一级维度、8 个二级维度以及若干三级指标，构建了中国新质生产力人才指数评价体系，并利用熵值法确定各指标与维度的权重，对 70 个大中城市的新质生产力人才发展情况进行了综合评估和分析，得出了以下主要结论：

## 1. 我国新质生产力人才建设的总体水平较低

从 2022—2023 年的数据来看，大部分城市的新质生产力人才指数得分均处于中等偏下水平。2023 年，所选取的 70 个城市的平均得分仅为 0.097；2022 年，70 个城市的平均得分仅为 0.095。新质生产力人才指数的综合得分在 0.5 以上的城市只有北京和上海，超过半数的城市得分不超过 0.1。这表明在现有的指标体系下，全国范围内大部分城市的新质生产力人才发展情况较为落后，我国新质生产力人才建设总体尚处在较低水准，整体上还有很大的提升空间。

## 2. 城市间新质生产力人才指数较为悬殊

从 2022—2023 年各城市新质生产力人才指数的综合得分及排名来看，北京和上海处在遥遥领先地位，其中排名第一的北京 2023 年的综合得分为 0.747，2022 年的综合得分为 0.758。排名第二的上海 2023 年的综合得分为 0.667，2022 年的综合得分为 0.678，其余城市的得分均不超过 0.5。以 2023 年为例，在本报告选取的 70 个大中小城市中，仅有 18 个城市的综合得分在平均分 0.097 之上，只占城市总数的 25.7%。综合得分最低分仅有 0.012，极差为 0.735。2022 年，仅有 19 个城市的综合得分在该年度平均分 0.095 之上，只占城市总数的 27.1%，综合得分最低分为 0.013，极差为 0.745。可以看出，除了北京、上海两个城市外，其余城市的新质生产力人才的发展较为有限，不同城市的新质生产力人才发展水平悬殊。

## 3. 地区间新质生产力人才发展不均衡

根据 2022—2023 年各地区新质生产力人才指数总体得分及排名，可以看出，不同地区之间新质生产力人才建设情况存在较大差距。东部地区的新质生产力人才指数综合得分远超其他 3 个地区，其得分是第二名中部地区的 2 倍以上，这一巨大差距凸显了东部地区新质生产力发展的显著优势。中西部地区得分较低，西部地区的得分略低于中部地区，东北地区的得分明显落后于东部、中部和西部地区。总体来看，全国各地区的新质生产力人才建设存在明显的不均衡现象，也提示政府部门和相关机构需优化人才发展战略，特别是应当关注中西部地区和东北地区的新质生产力人才的培养情况。

### 4. 各新质生产力人才评价维度之间发展不均衡

分别从人才资源、人才效能、人才环境和人才载体 4 个维度的得分来看，2023 年，70 个城市的人才资源维度平均得分为 0.115，人才效能平均得分为 0.083，人才环境平均得分为 0.140，人才载体平均得分为 0.074，人才环境和人才资源的得分较高，而人才效能和人才载体的得分较低，这表明在全国范围内，人才环境和人才资源的发展情况优于人才载体和人才效能，4 个维度的发展不均衡。

从城市来看，同一城市不同人才维度的发展也不均衡。以襄阳市为例，襄阳市人才环境得分排名第五，而人才资源得分排名仅为 51 名，综合得分排名为 25 名，体现了该市人才环境发展情况较好，而人才资源、效能和载体的发展较为落后。从地区来看，东部地区的人才资源、人才效能和人才载体维度的得分远超中西部和东北地区，有显著优势，而在人才环境维度上，东部地区得分为 0.170，高于得分为 0.137 的中部地区，优势仍在但不明显。

## 二、政策建议

随着新一轮科技革命和产业变革迅速发展，科学技术和经济社会发展加速渗透融合，人才的重要性日益凸显。党的二十大报告将建设人才强国的地位和作用提到了前所未有的新高度，建设人才强国在推进中国式现代化中具有重要战略意义。目前我国已在人才培养和引进方面取得显著成就，但仍需正确认识和面对关键核心技术领域高层次人才短缺、吸纳人才的产业和企业载体不足、人才利用效率不高、地区人才发展水平不均衡、人才发展体制机制不完善、海外引才存在障碍等建设人才强国中有待解决的问题。根据本报告对人才指数的研究，我们认为应加快构建高端科技人才培养新格局，具体政策建议如下：

加强完善我国自主培养人才的体系。深化教育体制改革，建立贯穿高、中、小教育链条的创新人才培养机制，建设完善基础学科拔尖创新选拔培养机制，推进产教融合。重点建设一批高端科技人才培养基地，聚焦战略科学家、科技领军人才和创新团队，青年人才和卓越工程师队伍建设，引导社会各方加大对科技人才开发的重视和投入，全面提升国家战略人才的供给能力。切实推进高水平科技人才的前瞻性布局。聚焦未来产业发展，加快储备量子信息、基因技术、未来网络等在内的产业领军人才，培育一批掌握新能源科技、生物科技、数字科技领域前沿技术的高端科技人才。

构建连接技术与应用的人才培养体系。构建开源技术体系，促进跨界创新。支持头部企业和研究机构共建技术平台，倡导科研团队跨领域协作，融合多学科知识与技术。政府应提供财政与政策支持，确保技术体系持续发展，吸引更多参与者，形成强大的产业驱动力，推动产业升级与转型。同时加强校企合作，政府可以推动高校与企业建立长期的合作关系，共同制定人才培养方案，提供实践岗位和实习机会。设立专门的实习和实践项目，让学生和企业员工共同参与。围绕新质生产力行业的实际问题展开，让学生在实践中学习和掌握技术能力，同时为企业提供人才支持和技术创新。

健全人才交流互通的平台载体。加强国家科技创新平台建设与应用，建好用好国家科技创新中心、科学城、自贸区、服务业扩大开放区和区域人才中心等科技创新平台，集中力量办好一批国家实验室、重点实验室、高校院所和新型研发机构，努力培育一批一流科技型领军企业，使高端人才有可施展才能的空间，提升人才资源到实际效益的转化率。树立"全国一盘棋"思想，打击人才地方保护主义，加强地区之间的人才交流，以核心城市带动周边城市和区域的人才发展，促进人才资源的合理流动，实现人才跨区域流动后档案信息的及时调动储存；推动财政、金融等人才支持政策适度向经济较落后的地区倾斜，重点支持东北地区和西部地区主导产业和战略性新兴产业吸引和共享人才，改善我国人才分布不均、地区人才发展水平差异大的现状。

完善并落实人才的综合评价体系。在现有评价体系基础上，增加对人才效能和人才载体的关注度，明确人才效能和人才载体的重要性，出台具体的操作指南，明确如何衡量人才效能和人才载体的组成部分与实际贡献。同时，建立动态监测机制，定期评估各地在这些维度上的进展情况。此外，通过政策激励，引导各地加大对人才载体建设的投入，如改善基础设施、优化创新环境等，从而推动人才效能的充分发挥，使各个维度的发展更加均衡，进而提高整体的新质生产力人才水平。

推进区域人才均衡发展。推动人才政策向新一线城市和二线城市倾斜，通过设立区域人才引导计划，鼓励企业在新一线城市和二线城市布局，吸引人才向这些地区流动。给予在这些城市落户的企业更多的税收优惠和补贴政策，降低企业的运营成本，增强其吸引人才的能力。同时，在新一线城市和二线城市设立相关产业园区，为人才提供优质的工作和生活环境。鼓励发达地区的企业与欠发达地区的高校和科研机构合作，通过设立联合培养项目、共建实验室等形式，共同培养和引进高层次人才。通过组织区域性的人才交流活动，如人才招聘会、技术论坛等，促进区域间的人才流动和合作。

建立健全人才的就业指导机制。首先，国家和地方政府应加强就业

指导与培训服务的体系建设，在高校和职业培训机构中设立专门的就业指
导中心，提供针对性的职业规划咨询、岗位推荐和技能培训，帮助人才更
好地了解市场需求和职业发展路径。其次，推动产学研合作，鼓励高校和
企业共同开发符合行业需求的课程和实习项目，让学生在校期间就能接触
实际工作场景，提升其岗位适应性和职业技能。同时，企业也应积极参与
到就业指导中，通过校企合作、实习计划和招聘活动等方式，提前识别和
吸纳优秀人才。最后，建立动态的人才供需信息平台，实现人才与岗位的
精准对接。该平台应整合国家和地方的人才信息库、企业招聘需求、岗位
技能要求等数据，通过智能匹配算法，提高人岗匹配的效率，确保每一位
人才都能在最适合的岗位上发挥最大价值。有效提高人岗匹配程度，使新
质生产力人才在推动经济和科技发展的过程中真正做到"人尽其才，才尽
其用"。

　　深化人才保障机制和激励机制。可以构建人才服务型行政体系，建立
人才服务中心。简化行政审批流程，建立统一的、便捷的在线服务平台，
提供一站式的服务，让人才可以在线上办理各种行政事务，查询相关信
息；提供咨询、法律援助、职业规划等综合服务，帮助人才解决各种实际
问题。为高端科技人才提供较优越的薪酬福利，配套保障子女教育、住房
和交通出行等。促进人才人事行政主管部门充分放权和授权，消除对用人
主体的过度干预，让用人单位有更多的自主权决定人事任用、晋升和薪酬
和奖励政策。以质量和创新为导向落实人才评价激励，增加应用型人才认
定标准、丰富细化人才评价指标，扩大人才认定领域，不断健全完善高层
次科技人才的认定、评价和考核体系，构建充分体现知识、技术等创新要
素价值的收益分配机制，让事业激励人才，让人才成就事业。

　　促进人才的国际交流和区域流动。促进国际化人才交流与合作，建立

专门的国际人才交流机构和线上合作平台。定期举办国际人才交流活动，并与知名高校、科研机构和企业签署合作协议。提供优惠政策和简化签证流程，建设国际化创新园区，通过文化交流活动增进理解与融合，打造稳定高效的国际合作平台，吸引更多优秀的海外人才。支持开展高层次新质生产力人才出国（境）培训交流。深圳市政府可以设立专项基金，资助优秀人才出国（境）进行培训和交流，拓宽他们的国际视野和合作网络。这将有助于提升深圳市人才的国际竞争力。鼓励人才在粤港澳三地流动。政府可以推动粤港澳地区的人才共享和协同发展机制，促进人才在区域内的自由流动和合作。这将有助于优化人才资源配置，推动整个区域发展。

创新引进海外高端人才的制度。面向知识和技术含量较高且国内人才稀缺的重点产业领域，规划设立专门的人才引进基金，加大海外人才联络处建设，充分发挥科技组织平台作用，并以大项目大工程大平台为着力点开展多元化引才。在项目经费支配、成果使用、组合研发团队等方面给海外高端人才更大自主权，制定外籍专家领衔国家科技项目的办法，支持海外引进人才深度参与国家计划项目、开展科研攻关，助力引进人才充分施展才华。积极推进国内企业国际化进程，大力支持各种所有制性质的企业、科研机构等在国外设立研发机构、产业化基地等，引聚海外人才。设立人才引进专项计划，对海归高层次人才给予政策和资金支持，如提供住房补贴和科研启动资金等。通过设立人才库，对顶尖人才进行重点支持。此外，政府可以为海归人才提供职业规划支持，帮助他们找到适合的工作岗位，并给予必要的职业培训和指导，帮助人才更好地适应国内的工作环境。同时，可以通过设立海归创新创业基地，为人才提供创业支持和资源，鼓励人才在国内创业。

优化风险投资与创业生态。大力创建孵化器和加速器，提供必要的启动资金和低成本办公空间，构建一个强大的资源网络，使初创企业能够轻松对接到投资者、顾问、供应商以及其他创新者。鼓励金融机构创新，开发出适应创新型企业的金融产品，包括设立专注于新质生产力行业的风险投资基金，构建政府背景的信贷担保机制以降低贷款风险，推出基于知识产权的融资工具，以及搭建股权众筹平台和创新债券市场。构建全方位的创业支持体系，政府需出台一系列扶持政策，包括税收减免、补贴、简化注册流程、完善知识产权保护法律，以及搭建国际交流平台，这些举措将显著减轻企业负担，保护创新成果，吸引全球资源，从而营造出一个充满活力、公平竞争且高度国际化的创业环境。

# 后记

　　中国人民大学劳动人事学院依托深圳高等研究院成立的人才战略与治理研究中心，联合同道猎聘集团，以人才战略和治理为抓手促进国家发展动能和效能的提升，探讨高水平人才高地建设的发展之路，为世界重要人才中心和创新高地建设贡献才智。

　　在新质生产力人才研究的征程中，我们深刻领略到了人才对于推动经济社会发展的不可替代的作用。本研究旨在探索新质生产力人才的培养、发展和应用，为我国经济社会发展提供有益的政策建议和实践经验。在此，我们对这次研究的收获和心得进行总结。

　　首先，通过对新质生产力人才的概念、特征和培养路径的探讨，我们更加清晰地认识到了新时代人才培养的要求和使命。在全球化、数字化的背景下，新质生产力人才应具备跨学科、创新思维、团队合作等能力，以适应未来经济发展的需要。

　　其次，我们通过实地调研、数据分析和案例分析，深入了解了城市在培养和吸引新质生产力人才方面的做法和经验。城市应构建良好的创新生态环境，提供吸引人才的政策和服务，助力新质生产力人才的集聚和发展，高校应加强与产业的合作，创新人才培养模式，提高人才培养的针对性和实效性。

　　最后，我们认识到新质生产力人才研究的重要性和紧迫性。在新时代，人才是第一资源，创新是第一动力。只有不断培育和引进具有高水平、高素质的新质生产力人才，才能推动中国经济社会发展迈上新的台阶。

由于我们研究的指标体系庞大，涉及大量数据的统计和分析，因此在我们的研究中可能会出现错误和不足，敬请读者批评指正。在未来的工作中，我们将继续深入研究新质生产力人才的培养和发展机制，为构建人才强国和创新型国家贡献更多的智慧和力量。同时，我们也期待更多的学者、政策制定者和实践者加入新质生产力人才研究的行列，共同推动中国经济社会发展走向更加繁荣和进步的未来。